HEIKE VAN BRAAK

Fatburner für Eilige

Das Easy Weight-Programm

WILHELM HEYNE VERLAG
MÜNCHEN

48/79

Umwelthinweis:
Dieses Buch wurde auf chlor- und säurefreiem Papier gedruckt

Originalausgabe 03/2002

http://www.heyne.de
Printed in Germany 2002
Konzeption und Realisation:
Medienagentur Gerald Drews GmbH, Augsburg
Redaktion: Ortrun Huber
Umschlagillustration: Stockfood, München
Umschlaggestaltung: Atelier Seidel, Altötting
Satz: Schaber Satz- und Datentechnik, Wels
Druck und Bindung: RMO, München

ISBN 3-453-19843-3

Inhalt

Einleitung

Können wir uns schlank, schön, vital und nicht zuletzt sogar jung essen? Und können wir mit jedem Bissen wirklich zu mehr Lebensfreude, Aktivität und Kreativität gelangen? Oder ist es vorprogrammiert, dass wir mit einigen Pfunden zu viel, abgeschlagen und ergraut durch den Alltag wanken, noch bevor es die biologische Uhr anzeigt? Nein, es gibt tatsächlich einen Weg, der unseren Geist und unseren Körper zu Hochleistungen anspornt. Mit der Kraft aus der Natur – und die können Sie essen. Dafür brauchen Sie sich nicht ausschließlich von Grünfutter oder Körnern zu ernähren. Und Sie müssen auch nicht stundenlang am Herd stehen, im Gegenteil. Sie dürfen genießen und entdecken, dass der frische Geschmack aus der Natur unglaubliche Überraschungen bereithält. Wenn Sie einmal hinter dieses Geheimnis gekommen sind, verspüren Sie immer seltener Heißhunger auf Fastfood und Schokoriegel. Ihr Körper sagt Ihnen wieder, was er braucht. Und fast automatisch führen Sie ihm reichlich Vitalstoffe zu, die Sie wirklich schlank, vital und auch schöner machen. Denn dank dieser Fatburner fühlen Sie sich wieder wohl in Ihrer Haut. Und das sieht man Ihnen natürlich auch an. Ihr Körperbewusstsein wandelt sich zum Positiven, der Alterungsprozess wird gebremst, Sie gewinnen an Ausstrahlung und nicht zuletzt auch an Kreativität. Denn Essen ist der Schlüssel zur Harmonie, der Ihnen die Tür zum Wohlbefinden öffnet.

Mit dem vorgestellten Easy Weight-Programm zum Abnehmen und Wohlfühlen haben Sie diesen Schlüssel in der Hand. Denn dieses Konzept ermöglicht Ihnen, Ihre Ernährung auf eine besonders schmackhafte Weise umzustellen – um mit Genuss zu Ihrem Wunschgewicht und zu einer neuen Vitalität zu gelangen. Und da das Programm trotz seiner Vielfalt einfach durchzuführen ist, eignet es sich auch für Berufstätige. Sie können ohne viel Aufwand leckere Mahlzeiten zubereiten und verlieren dabei Gramm für Gramm überflüssiges Fett. Viel Erfolg!

I.
Der leichte Weg zum Wohlbefinden

Seit jeher träumen die Menschen von der ewigen Jugend. Doch die wenigsten tun etwas dafür. Sie ernähren sich zu fett, bewegen sich kaum und auf Konsumgifte wie Alkohol oder Nikotin wollen sie auch nicht verzichten. Dabei kann das Wellness-Gefühl jeder erreichen und sogar über Jahrzehnte halten. Allerdings reicht es nicht, übers Wochenende in einem teuren Wellness-Hotel abzutauchen und sich dort einmal richtig verwöhnen zu lassen. Spätestens nach einer Woche im alten Trott fühlen Sie sich so abgeschlagen und ausgepowert wie zuvor. Nur Sie allein haben den Schlüssel zum echten Wohlbefinden in der Hand, den Sie nicht einen Tag aus der Hand geben dürfen. Das bedeutet aber nicht, dass Sie auf alles verzichten müssen. Nein, Easy Weight steht für eine neue Lust: am Leben, am Essen und nicht zuletzt auch an sich selbst.

1. Energie aus der Natur

Der Mensch ist, was er isst. Wer sich einseitig ernährt, erlebt irgendwann den absoluten Durchhänger. Der Alterungsprozess setzt frühzeitig ein, das Immunsystem ist geschwächt und von Wohlgefühl kann keine Rede sein. Wer dagegen seine Ernährung unter die Lupe nimmt und sich für natürliche Nahrungsmittel mit einer entsprechend hohen Nährstoffdichte entscheidet, fühlt sich jung und vital. Und er ist es auch: Die vielen Vitalstoffe dieser natürlichen Fatburner versorgen Körper und Geist gleichermaßen und halten beides in Topform. Und das Tolle daran: Menschen, die sich ausgewogen ernähren, spüren, was ihr Körper braucht. Bei ihnen funktioniert die somatische Intelligenz, die dem Organismus signalisiert, was er braucht, um reibungslos arbeiten zu können. Beispielsweise gibt er sich nach einem Obstsalat herrlich beschwingt, während er sich nach einer Portion Tiramisu von seiner trägsten Seite zeigt. Wer sich auf seine somatische Intelligenz verlassen kann, muss sich auch nicht mehr zu körperlicher Aktivität aufraffen. Er sprüht automatisch vor Energie, denn er fährt mit dem richtigen Treibstoff. Und irgendwann gehört es einfach zu einem ausgefüllten Leben dazu, täglich 30 Minuten zu laufen, im Schwimmbad einige Runden zu drehen oder morgens zehn Minuten Gymnastik zu machen.

Tipp

Wie fett ist der Snack? Machen Sie den Lippen-Test: Bleibt nach dem ersten Bissen ein Film auf den Lippen, ist der Fettgehalt zu hoch.

Aber wie genau sollte die Ernährung eigentlich aussehen, um zu einer geistigen wie körperlichen Aktivität und obendrein zum Wunschgewicht zu gelangen? Reicht es aus, täglich zwei Äpfel und mittags ein bisschen Gemüse zu essen? Ganz so einfach ist das nicht. Schließlich haben Obst und Gemüse in den letzten Jahren etliche Inhaltsstoffe eingebüßt. Treibhaus-Obst sieht zwar knackig aus, hält aber nur selten, was seine Optik verspricht. Nur wenn Sie sich aus dem eigenen Garten versorgen oder direkt beim Bio-Bauern einkaufen, stimmt auch die Bilanz der Inhaltsstoffe. Um auf Nummer Sicher zu gehen, treiben Sie es einfach bunt und essen farblich sortiert. Auf diese Weise nehmen Sie eine Vielfalt an unterschiedlichen Biostoffen auf. Aber essen Sie bitte immer möglichst natürlich: also den Apfel mit Schale und nicht etwa als Apfelmus. Oder den Blumenkohl allenfalls gedünstet und nicht zerkocht und in einer Mehlpampe ertränkt. Oder die Kartoffel: Hat sie sich erst einmal in einen Kloß oder in Pommes frites verwandelt, ist sie absolut tot. Alle Nährstoffe sind bei der Verarbeitung auf der Strecke geblieben. Das ist übrigens auch beim Weißmehl der Fall, in dem keine Vitalstoffe mehr enthalten sind.

Tipp

Nahrungsergänzungsmittel ermöglichen es gezielt, einen Mangel auszugleichen. Mit Hilfe dieser Vitalstoffe kann die Konzentration lebenswichtiger Substanzen im Körper so verändert werden, dass das Wohlbefinden gestärkt wird.

Ganz Schlaue denken jetzt vielleicht: Prima, esse ich eben viel frisches Obst und Gemüse, schlucke ab und an ein paar Pillen und dann darf ich zum Ausgleich auch viel Schokolade und Fastfood verdrücken.
Irrtum! Zum einen schmecken diese Dickmacher bei einer natürlichen Ernährung bald nicht mehr. Und zum anderen zerstören Zucker und Weißmehlprodukte viele lebenswichtige Nährstoffe, weil sie bei deren Verbrennung benötigt werden.
Ein wichtiger Baustein für Vitalität und Kreativität ist Eiweiß. Allerdings sollte nicht Fleisch der Lieferant sein, denn mit Braten und Steak werden immer auch tierisches Fett, Cholesterin, Purine und Arachidonsäure aufgenommen. Und diese Stoffe sind maßgeblich an der Entstehung von Gicht und Herzinfarkt beteiligt. Ohne diese schädlichen Substanzen kommt Eiweiß in allen fettarmen Milchprodukten, Fisch, Geflügel, Getreide und Hülsenfrüchten vor. Wenn Sie Ihren Organismus ausreichend mit Eiweiß versorgen, setzen Sie sich selbst eine rosarote Brille auf. Denn die Glückshormone, die uns in Hochstimmung versetzen, bestehen aus Eiweiß.

Tipp

Fett bremst die Eiweißaufnahme! Essen Sie Eiweiß deshalb möglichst mit nur wenig Fett. Ideal sind beispielsweise ein Hüttenkäse mit Radieschen oder Kräutern sowie ein Quark mit Früchten.

Experten gehen davon aus, dass der menschliche Organismus mindestens 0,8 Gramm Eiweiß pro Kilogramm Körpergewicht benötigt. Und zwar Tag für Tag. Wenn Sie also 60 Kilo wiegen, sollten Sie täglich mindestens 48 Gramm Eiweiß aufnehmen. Sport, Stress und andere Belastungen erhöhen diesen Bedarf noch zusätzlich.

Ideale Eiweißkombinationen sind:

- Ei und Kartoffel oder Soja
- Ei und Mais oder Reis
- Milch und Ei oder Weizen
- Bohnen und Mais

Ebenso wichtig für ein großes Maß an Vitalität sind Kohlenhydrate. Vollkornprodukte, Hülsenfrüchte, Obst und Gemüse halten schlank und fit – aber eben nur in ihrer ursprünglichen Form. Werden die Kartoffeln erst einmal zu Pommes verarbeitet, sind sie echte Dickmacher. Das gilt übrigens auch für Rohkost, die im Sahnedressing oder in Majonäse schwimmt. Natürliche Kohlenhydrate liefern dagegen pro Gramm nur vier Kalorien, und der Organismus muss sogar noch eine weitere Kalorie beisteuern, um sie verarbeiten zu können.

Das eigentliche Geheimnis der natürlichen Nahrungsmittel sind aber die sekundären Pflanzenstoffe. Sie sorgen für Geschmack und Farbe von Paprika, Brokkoli, Kiwis und Co. Diese Substanzen gehören fast schon zu der Medizin des neuen Jahrtausends. Denn die Biostoffe, die sich gleich zu Tausenden in Obst und Gemüse verstecken, mobilisieren unsere Abwehrkräfte, zerstören Viren und Bakterien und vernichten sogar Freie Radikale. Aber Biostoffe können noch mehr: Sie versorgen uns mit hormonähnlichen Stoffen, die uns vor Osteoporose, Herzinfarkt und vor hormonabhängigen Krebsarten schützen. Außerdem neutralisieren diese Substanzen das schlechte Cholesterin, unterstützen Vitamin C und beugen Arterienverkalkung vor.

2. Die Kraft der Gedanken

Positives Denken ist heute zu einem Schlagwort geworden. Doch schon Mark Aurel wusste von der besonderen Kraft der Gedanken. Der römische Kaiser beschrieb sie bereits im zweiten Jahrhundert nach Christus mit den Worten: »Das Glück deines Lebens hängt von der Beschaffenheit deiner Gedanken ab.« Also: Mit einem positiven Gedanken beginnt jede Veränderung!
Egal, was Ihnen Ihre Eltern eingetrichtert haben: Seien Sie ruhig eitel. Verwöhnen Sie Ihren Körper und lernen Sie ihn lieben. Und wenn Sie sich auf den Weg zu Ihrem Wohlfühlgewicht machen möchten, beginnen Sie mit einer Fantasiereise. Machen Sie es sich dazu ganz bequem. Setzen Sie sich in einen Sessel oder legen Sie sich bequem hin. Versuchen Sie sich nun ganz zu entspannen und stellen sich vor, Sie hätten Ihr wahres Gewicht erreicht. Mit dieser neuen Figur stellen Sie sich in Gedanken vor einen großen Spiegel – entweder in Bekleidung oder vielleicht

sogar ganz nackt. Lassen Sie sich dabei Zeit und gehen Sie ins Detail. Drehen Sie sich und betrachten Sie sich aus den verschiedenen Perspektiven. Welcher Körperteil fällt Ihnen dabei besonders auf? Wie gefällt Ihnen Ihr Po? Die schmalere Taille? Ihr Gesichtsausdruck? Ein tolles Gefühl, Ihre neue Figur erreicht zu haben, oder? Halten Sie es fest und nehmen Sie es mit zurück in Ihren Sessel. Und glauben Sie nun an Ihre Kraft, dieses Ziel zu realisieren.
Wichtig: Schuldgefühle sind Ihr größter Feind. Wenn Sie doch einmal in alte Essgewohnheiten zurückfallen, sollten Sie deswegen kein schlechtes Gewissen haben. Genießen Sie das Stück Schokolade lieber, um diese Fettkalorien am nächsten Tag motiviert statt frustriert einzusparen. Glauben Sie hingegen, dass mit einem einzige Stück Schokolade die ganzen guten Vorsätze ohnehin zum Teufel sind, stopfen Sie garantiert entmutigt weitere Süßigkeiten in sich hinein. Statt aktiv ein neues Leben zu beginnen, trotten Sie weiterhin auf ausgetretenen Pfaden. Ohne Erfolg, mit etlichen Kilos zu viel und mit dem sicheren Gefühl, wieder einmal versagt zu haben.

3. Das neue Körpergefühl

Kennen Sie das Gefühl, nach einer halben Stunde Sport unter der Dusche zu stehen, sich dann trocken zu rubbeln und mit einer duftenden Bodylotion von Kopf bis Fuß zu verwöhnen? Das tut einfach gut. Aber nicht nur für den

Moment, denn mit nur 30 Minuten Bewegung stellen Sie Ihre Welt auf den Kopf. Ihr Kreislauf kommt in Schwung, Stoffwechselprozesse werden aktiviert und Ihr Grundumsatz steigt. Und das für Stunden. Deshalb ist Bewegung neben der Ernährung die zweite entscheidende Säule, wenn Sie Ihr Gewicht reduzieren wollen. Soll es auch den hartnäckigen Fettreserven an den Kragen gehen, müssen Sie allerdings regelmäßig Sport treiben. Also drei- bis fünfmal in der Woche eine gute halbe Stunde. Schließlich wird erst nach etwa 20 Minuten Training wirklich Fett verbrannt. So lange reicht der Vorrat an Kohlehydraten für die Energiebereitstellung aus.

Tipp

Essen Sie regelmäßig fettarmen Fisch. Die Stars der leichten Küche mit unter fünf Gramm Fett pro 100 Gramm: Forellen, Garnelen, Lengfisch und Rotbarsch.

Für gezieltes Abnehmen – so neuste wissenschaftliche Erkenntnisse – sollten pro Woche ungefähr 2000 zusätzliche Kalorien verbrannt werden. Ein knallhartes Trainingsprogramm ist dafür nicht erforderlich. Und manchmal können Sie schon Kalorien verheizen, wenn Sie einfach auf die kleinen Bequemlichkeiten verzichten. Wenn Sie beispielsweise auf den Aufzug verzichten, Strecken unter einem Kilometer immer zu Fuß gehen oder Ihr Auto nicht unmittelbar vor dem Zielort im Halteverbot abstellen.

Doch gezielte Bewegung bewirkt noch weit mehr als nur ein geringeres Körpergewicht. Beispielsweise wird die Muskulatur gestärkt. Sie können auf diese Weise Ihren Körper modellieren – natürlich nur in Maßen. Außerdem ist es möglich, einzelne Muskelpartien ganz gezielt zu verstärken und wieder andere zu verschlanken. Für den Aufbau der Muskeln ist ein Training mit hohem Krafteinsatz und wenigen Wiederholungen erforderlich. Wollen Sie jedoch einzelne Muskelpartien schlank erhalten, müssen die entsprechenden Übungen möglichst oft mit einem relativ geringem Krafteinsatz ausgeführt werden.
Nicht zuletzt hilft Bewegung nach einem anstrengenden Tag auch dabei, Verspannungen abzubauen. Werden diese vor allem in Schultern-, Nacken- und Halspartie auftretenden Beschwerden nicht beseitigt, kommt es allmählich zu einer Verkürzung der Muskeln, zur Einschränkung der Bewegungsfreiheit und zu Gelenkbeschwerden.

Tipp

Heizen Sie Ihrem Stoffwechsel mit Chili ein. Es enthält den Scharfmacher Capsaicin, der die Verbrennung des aufgenommenen Fetts ankurbelt. Schon ein halber Teelöffel Tabasco reicht.

II.
Energie ein Leben lang

Geht es mit 30 Jahren wirklich schon bergab? Sind unsere besten Zeiten dann vorbei? Und bauen Körper und Gehirn von diesem Zeitpunkt an Jahr für Jahr weiter ab? In der Regel schon. Das ist rein äußerlich an den ersten Fältchen und dem dünner werdenden Haar zu erkennen. Und auch der Organismus selbst verliert an Leistungskraft: Die Organe arbeiten nicht länger auf Hochtouren, die Blutgefäße verstopfen langsam, das Nervenkostüm ist strapaziert und unser Immunsystem war auch mal besser drauf. Dabei könnten Sie noch Jahrzehnte lang in Topform bleiben.

1. Gibt es die ewige Jugend?

Der Traum von der ewigen Jugend ist so alt wie die Menschheit selbst. Sicher: Sie können nicht immer 20 sein, aber Sie können Ihren Traum von einem aktiven und ausgefüllten Dasein leben. Und Sie können sich Jahrzehnte lang jung fühlen. Sie müssen sich nur selbst lieben und sich entsprechend verwöhnen. Tun Sie Ihrem Körper Tag für Tag etwas Gutes – mit der Kraft aus der Natur. Sie können den Alterungsprozess mit der richtigen Ernährung und mit Bewegung bremsen. Mit einer natürlichen, auf Fatburnern basierenden Ernährung fühlen Sie sich vital und leistungsfähig und sprühen vor Ideen. Probieren Sie es aus und genießen Sie die Hälfte Ihres Tagesbedarfes einmal ganz natürlich: Essen Sie viel Obst und Rohkost oder bereiten Sie Gemüse auf die sanfte Art zu. Das bedeutete aber nicht Verzicht oder Grünfutter, sondern Genuss pur. Denn mit frischem Obst und Gemüse lassen sich eine Vielzahl an leckeren und vor allem leichten Mahlzeiten zubereiten. Und wenn Sie erst einmal auf den Geschmack gekommen sind, schmecken Ihnen bald all die Gerichte nicht mehr, die durch die Zubereitung ohnehin kaum noch Inhaltsstoffe liefern. Der frische Geschmack eines knackigen Salates mit vielen Kräutern ist irgendwann durch nichts mehr zu toppen. Wenn Sie doch einmal in alte Essgewohnheiten zurückfallen, können Sie den Genuss von einst vielleicht gar nicht mehr nachempfinden. Ihrer Figur schaden die kleinen Ausrutscher ohnehin nicht mehr, wenn Sie sich sonst sehr ausgewogen ernähren. Also: Essen Sie möglichst natürlich und investieren Sie möglichst eine halbe Stunde täglich, um Ihren Körper fit zu halten.

Tipp

Eiweiß enthält kein Fett, Eigelb dagegen eine ganze Menge. Das können Sie beim Backen ausgleichen: Sind im Rezept fünf Eier angegeben, nehmen Sie nur zwei ganze Eier plus drei bis vier Eiweiß. Sie sparen bis zu 18 Gramm Fett.

Eine ausgewogene Vollwerternährung ist reich an sekundären Biostoffen. Und diese Substanzen halten jung. Sie verschaffen uns neue Lust am Leben und nicht zuletzt helfen sie auch der Lust selbst auf die Sprünge. Herrscht jedoch ein Nährstoffmangel, altern unsere Zellen vorzeitig. Wir fühlen uns müde und abgeschlagen, haben schlechte Laune und können uns zu nichts aufraffen. Kurz: Wir altern, bevor die biologische Uhr die Zeit dafür anzeigt. Und wir leben auf Sparflamme. Wir nutzen nur knapp 25 Prozent unser eigentlichen Energie und verpassen meist die schönsten Dinge des Lebens. Schade eigentlich, oder?

2. Doping fürs Gehirn

Thomas Gottschalk ist zu beneiden. Oder Harald Schmidt. Immer haben Sie einen markigen Spruch parat, immer die richtige Antwort. So viel Schlagfertigkeit, das wär's. Und dann noch eine gehörige Portion Kreativität. Eine große Rolle dabei spielen Hormone und weitere Nervenbotenstoffe. Und die Produktion dieser Geheimmittel können Sie ankurbeln: Essen Sie verstärkt Brainfood und Ihre grauen Zellen arbeiten auf Hochtouren. Sogar stressige Situationen können Sie dann gelassen meistern.
Brainfood zu essen ist eigentlich ganz einfach. Denn wenn Sie Nahrungsmittel möglichst naturbelassen zu sich nehmen, liegen Sie eigentlich schon richtig. Starten Sie den Tag beispielsweise mit einem ungezuckerten, kernigen

Müsli, fettarmer Milch und frischem Obst. Und wenn Sie Ihr Gewicht nicht reduzieren möchten, können Sie ruhig noch einige Nüsse, Sonnenblumenkerne oder Sesamsamen darüber streuen. Das schmeckt herrlich nussig und bringt Ihr Gehirn auf Trab. Denn diese Mahlzeit enthält jede Menge B-Vitamine sowie Beta-Carotin, Folsäure sowie ein große Menge an wichtigen Mineralstoffen und Spurenelementen.

Tipp

Mit Walnüssen werden Sie zum gut gelaunten Stehaufmännchen. Die Nüsse enthalten die Glückshormone Tryptophan und Serotonin. Hinzu kommen Vitamin E, Magnesium und Kalium.

Ungefähr alle vier Stunden können Sie etwas für Ihre mentale Fitness tun: Tanken Sie Eiweiß – und zwar mit möglichst wenig Fett. Essen Sie also einen Früchtequark – aber bitte kein Fertigprodukt, sondern einen fettarmen Naturquark mit frischen Früchten. Oder greifen Sie zu Hüttenkäse mit Rohkost. Nach diesem kleinen Imbiss verfügt Ihr Körper sofort wieder über die Energie, die er für geistige Höchstleistungen braucht. Denn diese Eiweiß-Snacks enthalten gehirnaktive Aminosäuren. Und die sorgen für die Produktion von Noradrenalin. Dieses Hormon macht Sie hellwach, besonders aufnahmefähig und kreativ. Dafür sorgt schon die Aminosäure Phenylalanin, die in ei-

weißreichen Lebensmitteln wie Fisch, Fleisch, Geflügel, magerem Käse und Sojaprodukten steckt. In kleineren Mengen ist sie außerdem in Vollkornprodukten, Rohkost, Eiern, Milch und Kartoffeln enthalten.
Doch Noradrenalin bewirkt noch mehr: Es aktiviert das Hormon ACTH, das den Austausch zwischen den einzelnen Gehirnzellen positiv beeinflusst. Sobald dieses Gespann unseren Geist mobilisiert, tauchen auch vermehrt Endorphine im Blut auf. So schnell kann uns jetzt nichts mehr erschüttern.

Tipp

Ein Stück Kuchen gehört für Sie zum Kaffee dazu? Kein Problem, aber bitte der richtige: Obstkuchen mit Hefeteig enthält weniger Fett als die Rührteig-Variante.

Für besonders Stressgeplagte ist noch etwas wichtig: Gewinnen Sie mehr Energie aus komplexen Kohlenhydraten! Denn Ihre Nerven verbrauchen fast ausschließlich Glukose (Zucker). Das kann es aber auch nur dann, wenn ausreichend Spurenelemente wie Mangan, Selen, Zink und Chrom zur Verfügung stehen. Das Dumme ist nur: Sobald Stress angesagt ist, greifen wir in der Regel zu einfachen Kohlenhydraten. Gegessen wird dann nicht etwa ein Apfel oder eine Möhre, sondern Schokolade, Kekse oder Chips. Klar, das beruhigt, lenkt ab und verschafft vielleicht sogar eine gewisse Zufriedenheit. Aber garantiert nur für einen kurzen Moment. Und dann kommt das schlechte Gewissen, der Hunger aber bleibt. Beim nächsten Gang auf die Waage gibt's erst einen Schreck, dann Frust und schließlich Stress: Der Kummerspeck muss weg! Der Blutzuckerspiegel gerät außer Kontrolle und meldet erneut Hunger – auf etwas Süßes natürlich. Zum Abnehmen gehört dann schon mehr als ein eiserner Wille.

Tipp

Ahornsirup schmeckt so richtig schön karamellig – und hat null Fett. Ein Teelöffel im Tee schmeckt lecker und stillt den Hunger auf etwas Süßes.

Also: Überlegen Sie sich lieber vor dem Griff in die Keksdose, ob der kurze Genuss Ihnen wirklich hilft oder vielleicht doch eher schadet. Überlisten Sie sich mit einem ungesüßten Cappuccino mit aufgeschäumter Milch statt Sahne, etwas Trockenobst, einer Banane oder einem knackigem Apfel.
Und verwöhnen können Sie sich doch viel besser: Mit einer neuen Frisur, einer edlen Bodylotion oder einem Kinobesuch.
Diese kleinen Aktionen helfen Ihnen über Ihre schlechte Stimmung hinweg und sind der ideale Stresskiller. Sie mögen es eher gemütlich? Dann lassen Sie sich doch ein Aromabad ein, gönnen sich ein Gläschen Wein und lesen dazu ein gutes Buch.

Tipp

Der beste Frustkiller ist Laufen. Beim Joggen können Sie allem Ärger davonlaufen, jede Menge Kalorien verbrennen und zu einem ganz neuen Körpergefühl gelangen.

Krisensituationen können Sie aber auch ganz anders bewältigen: Drehen Sie den Spieß doch einfach um und essen Sie reine Nervennahrung. Gemeint ist damit keine Schokolade, sondern Vitamin B_1 oder auch Thiamin. Mit seiner Hilfe wird Acetylcholin gebildet, ein wichtiger Botenstoff im menschlichen Nervensystem. Zu Recht gilt Thiamin als Nervenvitamin, da es die Erregungsübertragung von den Nerven auf die Muskeln steuert und die Regeneration des Nervensystem nach großen Belastungen unterstützt.

Enthalten ist Thiamin vor allem in Vollkorngetreide. Es versteckt sich im Keim und in der Randschicht des vollen Korns, die bei der Weiterverarbeitung zu Weißmehlprodukten verloren gehen. Reich an dem Nervenvitamin sind außerdem frische Hefe, Hülsenfrüchte, Erdnüsse, Gemüse, Fleisch und Fisch.

Aber Vorsicht: Beim Verbrennen von Zucker werden große Mengen an Vitamin B_1 verbraucht. Es kommt zu einem Mangel, der zu allgemeiner Appetitlosigkeit, Konzentrationsschwäche, Abgeschlagenheit und Müdigkeit führen kann.

Ebenfalls gut für die Nerven: Vitamin B_{12}. Es übernimmt eine wichtige Schutzfunktion in den Nervenzellen. Das Vitamin wird in relativ kleinen Mengen benötigt. Beste Lieferanten: Milchprodukte, Eier, Hefe, Sauerkraut und Fleisch.

Tipp

Auch Magnesium stärkt die Nerven! Den Mineralstoff gibt es in Kapsel-, Brause- oder Pulverform. Magnesium sollte aber niemals zusammen mit Kalzium eingenommen werden.

Stress können Sie übrigens sogar wegatmen. Das kann nicht funktionieren, denken Sie? Irrtum, es geht tatsächlich. Denn immer wenn Sie gestresst, frustriert oder verärgert sind, strömt Adrenalin durch Ihren Körper. Wenn Sie in dieser Situation tief ausatmen, steigt der Kalziumspiegel in Ihrem Organismus an. Und dadurch werden Sie gleich viel ruhiger.

III.
Beauty-Food

Vitalstoffe aus der Nahrung machen nicht nur schlank und fit. Sie machen auch schön. Denn wenn Sie sich ausgewogen ernähren, ausreichend schlafen und mit sich und Ihrem Körper zufrieden sind, strahlen Sie auch die pure Lebensfreude aus. Doch es kommt noch besser: Die unzähligen Biostoffe vitalisieren Haut und Haare gleichermaßen.

1. Nahrung für die Schönheit

Biostoffe bewirken, dass Ihre Haut straffer wird, Pickel und Hautunreinheiten verschwinden und Ihre Haare neuen Glanz erhalten. Es gibt sogar Substanzen, die direkt unter die Haut gehen und die ersten Fältchen glätten. Das geht aber nur, wenn unser Organismus über ausreichend Vitamin C verfügt. Es schützt die Vitamine A, E, B_1 und B_{12} sowie Folsäure, Pantothensäure und Biotin vor der Zerstörung durch Sauerstoff. Dadurch fördert Vitamin C die Versorgung des Organismus mit all diesen Schönmachern, die sich in frischem Obst und Gemüse verstecken. Und ohne Vitamin C gäbe es auch kein Bindegewebe. Denn es verknüpft Eiweißfaserstrukturen zu Kollagen und verringert somit Cellulite und kleine Fältchen. Deswegen gehören Paprika, Brokkoli, Kiwi, Schwarze Johannisbeeren, Papaya und alle Zitrusfrüchte unbedingt auf den Speiseplan. Darin versteckt sich auch Niacin, das vor UV-Strahlen und vor dem Austrocknen der Haut schützt. Reich an Biotin sind vor allem Hülsenfrüchte und Sojaprodukte. Echte Biotin-Bomben sind neben dem Blumenkohl auch Erd- und Walnüsse. Allerdings enthalten Nüsse auch jede Menge Fett. Als echte Multitalente für schöne Haut gelten übrigens auch Weintrauben. Sowohl in der Schale als auch im Kern stecken Wirkstoffe für einen schönen Teint. Die Kerne enthalten beispielsweise einen hervorragenden Mix aus Gerbstoffen, Wasser und Traubenkernöl. Und dieses Öl ist reich an Linolsäure, die auch ein natürlicher Bestandteil der Haut ist. Trockene und sensible Haut leidet meist an einem Mangel an diesem Beautystoff. Wichtige Wirkstoffe stecken aber auch in der Schale: Diese Polyphenole gehen den Freien Radikalen an den Kragen, die der Haut zu schaffen machen. In Kombination mit Vitamin C und E schützen Polyphenole optimal vor schädlichen Umwelteinflüssen.

Tipp

Haben Sie die ersten grauen Haare entdeckt? Dann essen Sie doch mehr Pumpernickel, Brokkoli, Mungobohnen und Champignons. Darin enthalten ist Pantothensäure. Dieses B-Vitamin stoppt das weitere Ergrauen. Es verleiht außerdem der Haut eine attraktive Bräune.

Im Kampf gegen Cellulite leistet übrigens auch Silizium wahre Wunder. Es kräftigt das Bindegewebe, verstärkt die Elastizität der Haut und fördert das Wachstum von Haaren und Fingernägeln.

Als Kieselsäure ist Silizium in Getreide und Vollkornprodukten, aber auch in Bananen, Petersilie, Lauch und Schnittbohnen enthalten. Brechen die Nägel trotzdem ab, kann Kupfer- oder Eisenmangel die Ursache sein.

Kupfer steckt vor allen in Vollkornprodukten, Rettich, Roten Beten, magerem Fleisch, Fisch und Algen.

Eisen ist ebenfalls in Vollkorn sowie in Spargel, Trockenobst, Blattgemüse, Fleisch, Austern sowie in Schalentieren enthalten.

Wir können unserer Haut aber noch etwas Gutes tun: Reichlich Vitamin E in Form von Avocados, Mandeln, Olivenöl oder entsprechenden Präparaten aufnehmen. Denn dieses Vitamin stoppt die vorzeitige Hautalterung durch Lichteinflüsse. Es hält die Haut straff und verhindert sogar Altersflecken.

Das gilt übrigens auch für die exotischen Guaven. Ihre Mischung aus Vitaminen und Mineralstoffen ist eine echte Wohltat für die Haut.

Ein weiterer Beautystoff ist Selen. Es erfüllt zahlreiche Schutzfunktionen und hemmt den Alterungsprozess. Selen steckt in allen Vollkornprodukten, Knoblauch, Seefisch, Austern, Garnelen und Algen.

Achtung: Zu viel Selen ist giftig.

Tipp

Vitamin C und Selen-Präparate sollten nicht zusammen eingenommen werden. Das Vitamin behindert die Aufnahme von anorganischen Selenverbindungen wie Selenhefe.

Hautprobleme können oftmals mit einer Einnahme von Zink in den Griff gekriegt werden. 100 Gramm täglich und Entzündungsprozesse – wie sie beispielsweise bei der Akne auftreten – klingen ab. Unterstützt wird Zink dabei von Vitamin E und Selen.

2. Getränke als Jungbrunnen

Trinken Sie sich schön und schlank. Denn nur mit ausreichend Flüssigkeit funktioniert unser Organismus reibungslos. Die Nieren arbeiten auf Hochtouren und alle Abfallprodukte des Stoffwechsels werden ausgeschieden. Gleichzeitig verwertet der Organismus alle wasserlöslichen Nährstoffe.
Experten gehen davon aus, dass wir täglich zwei bis drei Liter Flüssigkeit brauchen. Doch der Bedarf steigt immer dann, wenn wir körperlich hart arbeiten, Sport treiben oder uns in einer wärmeren Klimazone aufhalten. Ebenfalls mehr getrunken werden muss beim Abnehmen. Schließlich soll dann der Körper richtig entschlackt und entgiftet werden. Trinken Sie dann also mindestens einen Liter mehr pro Tag.

Nur ein Teil der benötigten Flüssigkeit steckt in frischem Obst und Gemüse. Der andere muss aufgenommen werden – und zwar möglichst in Form von Wasser, Tee oder kalorienarmen Getränken. Besonders geeignet sind Heiltees wie Pu-Erh, die den Stoffwechsel anregen und dadurch die Gewichtsabnahme beschleunigen. Mineralwasser sollte natrium- und chloridarm sein, da es ansonsten zu Wasserablagerungen durch Kochsalzbildung im Körper kommt. Idealer Durstlöscher: Ein Glas Wasser mit ein bis zwei Esslöffeln naturtrübem Apfelessig. Mit diesem Drink programmieren Sie Ihren Organismus auf Fettverbrennung.

IV.
Weg mit dem Fett

Fett macht fett – daran besteht überhaupt kein Zweifel. Ein einziges Gramm Fett liefert satte 9,3 Kalorien. Und da unser Körper ein Energiesparprogramm eingebaut hat, reagiert er auf jedes Gramm zu viel mit einem weiteren Pfund Körpergewicht.
Und hinterhältig ist Fett obendrein, denn es sättigt nicht, weil es ihm an Volumen fehlt. Und da es halt so gut schmeckt, essen wir einfach ein bisschen mehr. Die Fettzellen in unserem Körper freuen sich, denn sie warten regelrecht darauf, sich bis zum 200fachen ihrer ursprünglichen Größe auszudehnen. Ist das Limit irgendwann erreicht, bilden sich einfach neue Fettzellen. Also: Geizen Sie mit Fett. Das gilt auch für die versteckten Dickmacher in Wurst und Käse, süßen Nachspeisen und kalorienlastigen Snacks.

Tipp

Mit einem einfachen Trick schmeckt Magerquark wie die vollfette Variante: Einfach mit einem Schneebesen und etwas Mineralwasser aufschlagen.

1. Wenn schon, denn schon: das richtige Fett

Sicher, Sie sollen Fett einsparen. Aber ganz ohne geht es auch nicht. Denn ohne Fett könnte unser Organismus fettlösliche Vitamine nicht verwerten. Lebensnotwendig sind dabei Fettsäuren, die pflanzlicher Natur sind. Schließlich sind es ausschließlich Pflanzen, die einfach oder mehrfach ungesättigte Fettsäuren bilden können. Unser Körper ist dazu nicht in der Lage, deshalb müssen sie über die Nahrung zugeführt werden, am besten in Form von Oliven-, Soja-, Avocado- oder Sonnenblumenöl. Ebenfalls ein wertvoller Lieferant: Fisch.

Tipp

Fette, die sehr viel ungesättigte Fettsäuren enthalten, sind flüssig. Eine feste Form haben dagegen überwiegend gesättigte Fettsäuren wie Butter, Schmalz oder Talg.

2. Nie wieder Diät

Jeder zweite Deutsche hat schon mindestens eine Diät ausprobiert – meistens erfolglos. Denn selbst bei radikalen Methoden purzeln die Pfunde nur in den ersten Tagen. Ausgeschieden wird dann lediglich vermehrt Wasser. Und hat der Körper erst einmal sein Ökoprogramm eingeschaltet, bewegt sich der Zeiger der Waage überhaupt nicht

mehr. Der Organismus eines Menschen, der immer wieder neue Diäten ausprobiert, ist bald in der Lage, innerhalb von nur vier Stunden auf Sparflamme umstellen. Sobald dann wieder normal gegessen wird, schnellt der Zeiger erneut nach oben. Der berüchtigte Jojo-Effekt schaukelt das Gewicht immer weiter in die Höhe.
Es geht aber auch anders: Stellen Sie Ihre Ernährung auf eine ausgewogene, fettarme Vollwertkost um. Dann purzeln die Pfunde nur langsam – dafür aber für immer. Und Sie brauchen weder zu hungern noch Kalorien zu zählen. Wählen Sie Nahrungsmittel mit einer möglichst hohen Nährstoffdichte aus. Darunter verstehen Experten nicht anderes als das Verhältnis zwischen der Nährstoffmenge und dem Energiegehalt.
Wenn Sie sich für Gemüse, Obst und Vollkornprodukte entscheiden, nehmen Sie automatisch jede Menge Vitalstoffe auf, die Ihnen zu einem neuen Lebensgefühl verhelfen. Denn Sie fühlen sich mit der Zeit fit und gesund, aktiv und ausgeglichen. Und das sieht man Ihnen auch an.

Tipp

Krimizeit ohne Knabberei? Vergessen Sie die fetten Chips und probieren Sie doch einmal Knusperbrot. Es liefert nur wenig Energie, aber viele Ballaststoffe. Wenn Sie es würziger mögen, können Sie auch Reisgebäck essen.

3. Kampf den Dickmachern

Es gibt ein Gespann, das kann nichts anderes als einfach nur dick machen: Fett und Zucker. Diese beiden landen garantiert in Form der unliebsamen Pölsterchen auf Hüfte und Po – auch wenn es die tatsächlich in dem Nahrungsmittel enthaltene Kalorienmenge eigentlich gar nicht hergeben würde. Denn: Mit jedem Bissen Sahnetorte werden fetteinbauende Enzyme aktiviert, die bereits vorhandenen Fettzellen öffnen sich und freuen sich auf den ersehnten Nachschub. Die Fettverbrennung bleibt dabei auf der Strecke. Denn unser Organismus ist nicht auf Zucker eingestellt, der in dieser Form in der Natur gar nicht existiert.
Zucker hat aber noch mehr Gemeinheiten auf Lager: Die einfachen Kohlenhydrate aus Einfach- und Zweifachzucker bringen den Blutzuckerspiegel völlig aus dem Gleichgewicht: Er schnellt hoch. Und je mehr Zucker ins Blut gelangt, desto mehr Insulin produziert die Bauchspeicheldrüse. Dieses Hormon öffnet jetzt noch zusätzlich die Körperzellen für den nächsten Zuckerschub. Und: Mit jedem überflüssigen Pfund steigt der Insulinspiegel weiter an.
Sie lieben ein Gläschen Wein zum Essen? Vorsicht: Alkohol enthält zwar kein Fett, macht aber dennoch dick. Mit jedem Schluck nehmen wir Giftstoffe auf, die von der Leber wieder ausgeschieden werden müssen. Da bleibt für das Organ keine Zeit, andere Aufgaben zu erfüllen, zum Beispiel Fett abzubauen. Es kommt aber noch schlimmer:

Durch die Entgiftung wird Energie frei und daher liefert ein einziges Gramm Alkohol schon sieben Kalorien. Mit einer Flasche Wein erreichen Sie also locker den Kaloriengehalt einer kräftigen Mahlzeit. Kombinieren Sie beides, wird das in der Nahrung enthaltene Fett so lange eingelagert, bis Ihr Organismus den Alkohol wieder ausgeschieden hat.
In Maßen genossen beeinflusst Alkohol aber weder Ihre Figur noch Ihre Gesundheit. Problematisch ist nur ein regelmäßiger Konsum, der den Organismus schaden und abhängig machen kann.

V.
Fatburner: Geheimwaffe aus der Natur

Zum Abnehmen sind sie ideal: Fatburner gelten zu Recht als die Geheimwaffe der Natur. Denn mit Hilfe der Fatburner kann beim Essen abgespeckt werden. Dabei dürfen keineswegs nur hart gekochte Eier, rohe Möhren oder Ananas verdrückt werden, sondern viele leckere Mahlzeiten. Denn mit einer abwechslungsreichen Ernährung bleiben Sie auf Dauer schlank.

1. Wie Fatburner funktionieren

Fatburner sind die Lösung für alle überflüssigen Pfunde, denn Sie verhindern, dass sich das Fett aus der Nahrung im Körper ablagert. Es wird zuvor einfach verbrannt und Fettpölsterchen haben keine Chance. Fatburner können aber noch mehr: Sie führen körpereigenes Fett der Verbrennung zu. Sie nehmen also kein Wasser ab, sondern wirklich Fett. Und zwar bis zu vier Pfund in der ersten Woche, danach ungefähr ein Pfund wöchentlich. Sicher, bei einer Blitzdiät geht es zunächst schneller. Aber Sie nehmen die abgespeckten Kilos auch genauso schnell wieder zu. Reduzieren Sie Ihr Gewicht jedoch mit Fatburnern, stellt sich statt des gefürchteten Jojo-Effektes eine ganz neue Vitalität ein. Sie halten Ihr neues Gewicht und müssen nicht hungern.

2. Vitamine

Ein idealer Fatburner ist Vitamin C. Nur wenn unser Organismus ausreichend mit diesem Vitamin versorgt ist, kann er Noradrenalin produzieren – und das wandelt Fett in Energie um. Dazu wird Vitamin C direkt in die Fettzellen geleitet. Allerdings hilft es nichts, Vitamin C in Pulverform aufzunehmen. Ab fünf Gramm wird das wasserlösliche Vitamin wieder ungenützt vom Organismus ausgeschieden. Der beste Weg für eine ausreichende Vitamin C-Versorgung ist der Verzehr von frischem Obst und Gemüse.

3. Kohlenhydrate

Auf dem Weg zum Wunschgewicht sind Kohlenhydrate nicht wegzudenken. Das gilt aber nur dann, wenn sie in Form von Vollkornprodukten, Gemüse, Kartoffeln oder Hülsenfrüchten aufgenommen werden. Die darin enthaltene Verknüpfung von mehreren Zuckerbausteinen muss vom Organismus erst umständlich geknackt werden. Die Folge: anhaltendes Sättigungsgefühl, langsame Verdauung und ein konstanter Blutzuckerspiegel. Etwa zwei Drittel des Tagesbedarfs sollten mit diesen wertvollen Kohlenhydraten abgedeckt werden. Echte Dickmacher sind dagegen Kohlenhydrate aus Weißmehlprodukten, poliertem Reis und Süßigkeiten.

4. Eiweiß

Es hat kaum Kalorien und macht gute Laune: Eiweiß oder auch Protein, liefert nur vier Kalorien pro Gramm. Und um es verarbeiten zu können, muss der Körper noch zusätzlich Energie aufbringen – Sie verbrennen also Kalorien beim Essen. Außerdem wäre unser Körper ohne die in der eiweißreichen Nahrung enthaltenen essenziellen Aminosäuren nicht in der Lage, Muskeln und Hormone zu bilden oder Zellen zu erneuern.

Wer abnehmen möchte, sollte Eiweiß jedoch mit möglichst wenig Fett verzehren. Wertvolle Lieferanten sind beispielsweise Fisch, Sojaprodukte, Naturreis, Weizen, Hülsenfrüchte, Mais und vor allem die Linse. Sie besteht zu 23 Prozent aus Eiweiß, liefert aber weniger als ein Prozent Fett. Nicht empfehlenswert ist es, sich im Kampf gegen die lästigen Pfunde überwiegend von Steaks zu ernähren. Sie enthalten zwar viel Eiweiß, aber auch Fette und Purine. Und diese Substanzen führen bei übermäßigem Genuss zu Gicht, Arteriosklerose und Nierensteinen.

5. Hormone

Ein echter Fatburner ist das Wachstumshormon. Ihm haben wir es zu verdanken, dass wir im Schlaf abnehmen. Denn dann verbraucht das in der Hirnanhangsdrüse produzierte Hormon einen Teil des tagsüber angesammelten Fetts. Schließlich benötigt unser Körper auch nachts Energie, um lebensnotwendige Funktionen zu erfüllen.

Tipp

Vitamin C kurbelt die Hormonproduktion an. Trinken Sie vor dem Einschlafen frisch gepressten Zitronensaft von mindestens zwei Früchten – eventuell mit etwas Wasser verdünnt. Ebenfalls unterstützt wird dieser Effekt durch ein eiweißreiches Abendessen und einen Drink aus verdünntem naturtrüben Apfelessig.

Ein weiterer Fettkiller sind Schilddrüsenhormone. Sie fördern die Zellverbrennung und damit automatisch den Grundumsatz, den Sauerstoffverbrauch sowie die Wärmebildung. Die Botenstoffe unterstützen zudem den Abbau des schädlichen Cholesterins und der freien Fettsäuren im Blut. Dadurch wird Fett in Energie umgewandelt. Neben Glukagon – einem Hormon, das das dickmachende Insulin reduziert – sind auch die beiden Hormone Noradrenalin und Testosteron wahre Fettverbrenner. Beispielsweise bewirkt das Sexualhormon Testosteron den Aufbau von Muskeln und die verbrennen selbst in Ruhephasen reichlich Energie.

6. Vitalstoffe

Ohne Magnesium läuft beim Fettabbau gar nichts. Denn nur mit diesem Mineralstoff kann der Stoffwechsel in den Zellen ablaufen. Das ist aber nur ein angenehmer Nebeneffekt, denn Magnesium unterstützt die körperliche und geistige Leistungsfähigkeit, trägt zum Aufbau von Knochen und Zähnen bei und hält Muskeln und Nerven gleichermaßen fit. Enthalten ist Magnesium beispielsweise in Vollkornprodukten, frischem Obst und Gemüse, Hülsenfrüchten sowie in Nüssen. Bereits 100 Gramm Erdnüsse decken 50 Prozent des Tagesbedarfs. Allerdings: Nüsse sind nicht nur reich an Magnesium, sie enthalten auch jede Menge Fett. Beispielsweise liefern Erdnüsse geröstet und gesalzen satte 568 Kalorien je 100 Gramm – und 48 Gramm davon sind reines Fett! Bei der gleichen Menge Mandeln sind es übrigens gleich 53 Gramm Fett.

Tipp

Experten gehen davon aus, dass in einem Großteil der europäischen Lebensmittel kaum noch Magnesium enthalten ist. Sie empfehlen entsprechende Präparate aus der Apotheke. Ihr Tipp: etwa 300 Milligramm des Leistungsminerals pro Tag.

Positiv beeinflusst wird der Fettstoffwechsel allerdings auch von Carnitin. Denn dieser Biostoff hat eine ganz besondere Aufgabe: Er sorgt dafür, dass das Fett zur Verbrennung in die Zellen transportiert wird – mit Unterstützung von Vitamin C und Cholin. Kommt es zu einem Mangel an Carnitin, steigen die Blutfettwerte an und auch der Cholsterinspiegel schnellt in die Höhe.
Enthalten ist Carnitin in allen Milch- und Fleischprodukten – besonders in Käse, Geflügel, Schinken, Hammel und Lamm.
Übrigens zählt auch Jod zu den Fatburnern. Dieses Spurenelement sorgt dafür, dass in der Schilddrüse ausreichend Hormone produziert werden, um den Fettabbau anzukurbeln. Kommt es zu einer Funktionsstörung durch Jodmangel, halten sich die Pfunde hartnäckig an Hüfte und Po. Ähnlich ergeht es Übergewichtigen, die an einem Chrommangel leiden. Immerhin erhöht das Spurenelement die Fettverbrennung um das Vierfache.
Weitere Fatburner sind Methionin, ein Eiweißbaustein aus Käse, Jogurt, Linsen, Eigelb, Fisch, Fleisch und Leber, Taurin, eine schwefelhaltige Aminosäure aus Fleisch, Krabben, Muscheln und Austern, und Linolsäure.

VI.
Zauberformel für die Linie

Stromlinienförmige Models scheinen es vorzumachen: Schlank ist in. Doch das ist Blödsinn.
Lassen Sie sich nicht von irgendwelchen Schönheitsidealen aus der Ruhe bringen, sondern entscheiden Sie sich für Ihr persönliches Wohlfühlgewicht – unabhängig von der Meinung Ihrer Mitmenschen. Und versuchen Sie nicht, es von heute auf morgen zu erreichen, sondern langfristig und für immer.

1. Ihr persönlicher Bodymass-Index

Es gibt eine Formel, mit der Sie einen Näherungswert für Ihr persönliches Normalgewicht errechnen können. Ärzte halten sich mittlerweile dafür an den so genannten Gewichts- oder Bodymass-Index (BMI). Dafür wird die Körpergröße in Kilogramm durch die mit sich selbst multiplizierte Körpergröße dividiert:

$$\text{BMI} = \frac{\text{Körpergewicht in Kilogramm}}{(\text{Körpergröße in Metern})^2}$$

Hier ein Beispiel: Bei einer Frau mit einem Gewicht von 60 Kilogramm und einer Größe von 1,70 Metern beträgt der BMI 20,8. Dieser BMI ergibt sich aus 60 geteilt durch 1,70 zum Quadrat.

Nach der Bewertung des Instituts für Ernährungswissenschaften der Universität Gießen ist ein BMI von 19 bis 24 bei Frauen und 20 bis 25 bei Männern ideal. Liegt der BMI jedoch über diesen Werten, besteht Übergewicht. Überschreiten die Werte sogar eine Grenze von 30, liegt eine gesundheitsgefährdende Fettsucht vor. Und das kann – so amerikanische Wissenschaftler – zu einer verkürzten Lebenserwartung führen. Folglich sollten Betroffene unter ärztlicher Aufsicht ihr Gewicht reduzieren. Dies ist besonders dann notwendig, wenn zum Übergewicht noch Bluthochdruck, Diabetes mellitus oder erhöhte Blutfettwerte hinzukommen.

Aber: Ein extrem durchtrainierter Mensch kann durchaus einen erhöhten BMI haben, während ein scheinbar dünner zu viel Fett mit sich herumträgt. Denn: Muskeln sind schwerer als Fett. Wenn Sie es ganz genau wissen möchten, sollten Sie den Fettanteil Ihres Körpers mit einer elektronischen Waage überprüfen. Mit Hilfe von Schwachstrom, der den Widerstand in den Zellen misst, kommt die Waage auch verstecktem Fett auf die Spur.

Viele Hausärzte bieten mittlerweile Ihren Patienten an, den Fettanteil ihres Körpers auf einer solchen Waage zu überprüfen.

2. Der Energiebedarf

Unser Organismus braucht Tag und Nacht Energie – auch wenn wir schlafen. Schließlich muss er auch dann seine lebensnotwendigen Funktionen erfüllen. Die dafür notwendige Energie wird Grundumsatz genannt. Er ergibt sich aus Geschlecht, Körpergröße und -gewicht.
Auch das Alter spielt eine Rolle, denn mit den Jahren sinkt der Grundumsatz. Und genau das ist das Problem: Denn statt die Energiezufuhr diesem veränderten Bedarf anzupassen, schrauben wir unsere Energiezufuhr weiter hoch. In der Regel um bis zu zehn Prozent. Dieser Überschuss landet prompt auf Hüfte und Po und hält sich dort sehr hartnäckig.

Mit dieser Formel errechnen Sie Ihren Grundumsatz:
Frauen: Gewicht × 19,2 = Kalorien
Männer: Gewicht × 21,6 = Kalorien

Dieser Grundumsatz reicht natürlich nicht, um damit zu haushalten. Wie viele Kalorien Sie tatsächlich verbrennen, hängt von Ihrer körperlichen Betätigung ab.
Wer körperlich arbeitet oder Sport treibt, verbrennt natürlich weit mehr Energie als ein reiner Schreibtischtäter. Weitere Faktoren sind Stress, unterschiedliche Klimazonen sowie die Einnahme von Medikamenten. Sie können aber zumindest eine ungefähre Energiebilanz erstellen. Wenn Sie ein eher passiver Mensch sind, multiplizieren

Sie Ihren Grundumsatz mit dem Faktor 1,4. Gehören Sie zu den eher aktiven Menschen, nehmen Sie den Faktor 1,7 und als aktiver Sportler oder nach körperlicher Arbeit errechnen Sie den Wert, indem Sie Ihren Grundumsatz mit 1,7 Kalorien multiplizieren.

3. Ballaststoffe

Ballaststoffe sind das i-Tüpfelchen einer gesunden Ernährung. Bis zu 30 Gramm täglich, so die Deutsche Gesellschaft für Ernährung, sollen wir aufnehmen. Ballaststoffe regeln nicht nur die Verdauung, sie unterstützen auch die Gewichtsabnahme. Denn wer ballaststoffreich isst, wird schneller satt – und bleibt es auch. Schließlich binden diese Faserstoffe jede Menge Wasser und bringen es damit auf ein beachtliches Volumen.
Und noch etwas bewirken Ballaststoffe: Je mehr in der Nahrung enthalten sind, desto länger muss gekaut werden. Dadurch entsteht ein Speichelfluss, der wiederum eine verbesserte Aufnahme der Inhaltsstoffe bewirkt. Außerdem bleibt der Nahrungsbrei deutlich kürzer im Darmtrakt und dem Organismus fehlt dadurch die Zeit, alle Kalorien zu verwerten.
Zu den Ballaststoffen zählen alle Pflanzenfasern von Korn, Gemüse, Hülsenfrüchten, Obst und Nüssen.

4. Die Schlankmacher

Eigentlich ist es gar nicht so schwer, das eigene Wunschgewicht zu erreichen. Setzen Sie auf die Schlankmacher aus der Natur und essen Sie mindestens fünf kleine Mahlzeiten am Tag davon. Wissenschaftler fanden jetzt heraus, dass der menschliche Organismus weit mehr Kalorien verbrennt, wenn ihm die Energie in kleinen Portionen zugeführt wird. Das heißt natürlich nicht, dass Sie einfach mehrere kleine Fastfood-Mahlzeiten zu vertilgen brauchen, um abzuspecken. Umstellen sollten Sie Ihre Essgewohnheiten schon, wenn Sie Ihr Gewicht auf Dauer halten und dabei gesund und vital bleiben wollen. Also: Viele energiereiche Snacks mit einer hohen Nährstoffdichte bringen Sie Ihrem Wunschgewicht einen gewaltigen Schritt näher. Besonders empfehlenswert sind alle grünen Blattgemüse. Dazu gehören beispielsweise Spinat, alle Kohlarten, Brokkoli, grüne Bohnen und Grünkohl. Ebenfalls sehr reich an Nährstoffen sind Paprika, Feldsalat, Karotten, Tomaten, Beeren, Kürbisse, sowie alle Zitrusfrüchte.

Diese Nahrungsmittel sind echte Schlankmacher:

- frisches Obst und Gemüse
- Vollkornprodukte
- Hülsenfrüchte und Kartoffeln
- fettarme Milch und Milchprodukte
- Fisch
- Geflügel und mageres Fleisch

Tipp

Wenn Sie öfter eine Kleinigkeit essen, bleibt der Blutzuckerspiegel konstant und die gefürchteten Heißhungerattacken stellen sich gar nicht erst ein. Außerdem fühlen Sie sich rundum fit. Das gilt natürlich nur, wenn Sie zur gesunden Zwischenmahlzeit statt zum Schokoriegel greifen.

VII.
Die neue Lust am Essen

Die ewigen Diäten und Wunderkuren können Sie vergessen. Quälen Sie sich nicht mit einer Crash-Kur, um Ihr Gewicht zu reduzieren, denn dann machen Sie bald schlapp. Ihre Motivation liegt am Boden, Ihre Laune ist im Keller und von Vitalität kann keine Rede sein. Vorbei ist es mit der Lebensfreude und mit der positiven Ausstrahlung.
Essen Sie natürlich, dann gelangen Sie zu einer ungeahnten Vitalität und fast automatisch zu einer schlanken Linie.
Eine Banane, zum Beispiel: Sie liefert das Hormon Serotonin und bietet somit fast eine Gute-Laune-Garantie. Oder die Paprika: Sie ist die absolute Vitamin C-Bombe und sagt jeder Grippe den Kampf an, während schon eine Scheibe Vollkornbrot Sie weniger stressanfällig macht. Die B-Vitamine helfen Ihnen dabei, cool zu bleiben. Dazu noch etwas Käse und ein Gläschen Trinkmolke – und der Kalzium-Eiweiß-Mix für Knochen und Muskeln ist perfekt. Und sogar die Nudel gehört zu einer ausgewogenen Ernährung dazu: Ist sie vollwertig, strotzt sie nur so vor Kohlenhydraten, die satt und zufrieden machen. Und wenn Sie dann so ausgeglichen geschlemmt haben, dürfen Sie sich ruhig einen

Riegel Schokolade gönnen. Schließlich schmeckt er nicht nur, sondern hebt obendrein noch die Stimmung.

1. Die Auswahl

Der Weg zum Wunschgewicht beginnt beim Einkauf. Schließlich werden Sie daheim nur schwer widerstehen können, wenn Sie Ihren Einkaufswagen randvoll mit Chips, Schokolade und anderen Kalorienbomben beladen haben. Machen Sie sich lieber eine Liste und kaufen Sie ganz gezielt ein: viel frisches Obst und Gemüse, außerdem möglichst zucker- und fettarm. Und gehen Sie nicht mit knurrendem Magen einkaufen. Vorsicht: der Begriff »Light« ist nicht gesetzlich geschützt. Je nach Hersteller und Produkt steht er nicht nur für salz-, fett und kalorienarm, sondern auch für kalorien- und alkoholreduziert. Lesen Sie die Etiketten also ganz genau und achten Sie auf folgende Vermerke:

- Fettreduziert: Diese Produkte enthalten mindestens 40 Prozent weniger Fett als vergleichbare Nahrungsmittel.
- Kalorienreduziert: Diese Lebensmittel weisen mindestens 40 Prozent weniger Kalorien auf als ähnliche Produkte.
- Kalorienarm: Hierbei handelt es sich um Nahrungsmittel, die pro 100 Gramm nicht mehr als 50 Kalorien haben. Nur 20 Gramm je 100 Milliliter sind in fettarmen Suppen, Getränken und Brühen.

Echte Fettfallen verbergen sich in Wurstwaren. Absolute Dickmacher sind alle Sorten, die durch den Fleischwolf gedreht werden – beispielsweise Fleisch-, Mett- und Leberwurst. Greifen Sie stattdessen lieber zu rohem oder geräuchertem Schinken, der von Natur aus fettarm ist. Oder probieren Sie doch einmal vegetarische Aufstriche, die nicht nur lecker, sondern auch gesundheitlich unbedenklich sind.

Tipp

Kaufen Sie Käse und Wurst lieber nicht am Stück. Schneiden Sie selbst, werden die Scheiben viel zu dick – und Sie sparen weder Geld noch Kalorien.

In eine echte Kalorienfalle können Sie auch bei den Getränken tappen. Zuckersüße Limo gehen genau so zu Lasten der schlanken Linie wie unverdünnte Säfte. Und auch der aufgeschäumte Quark liefert nicht weniger Energie, sondern bringt lediglich weniger Gewicht auf die Waage.

2. Die Zubereitung

Fett und damit jede Menge Energie können Sie nicht nur bei der Auswahl der Nahrungsmittel sparen. Denn eigentlich ist es ganz einfach, Kalorienbomben durch die richtige Zubereitung zu entschärfen. Beispielsweise der Sonntagsbraten: Er muss nicht im Fett schwimmen, sondern ein kräftiges Anbraten mit etwas Margarine reicht völlig. Verwenden Sie niemals Butter. Sie verliert bei hohen Temperaturen an Geschmack, wird allzu schnell braun und verbrennt. Mit einem einzigen Teelöffel ist es dann nicht mehr getan. Beim Geflügel können Sie schon durch das Entfernen oder Einstechen der Haut Kalorien sparen. Dazu können Sie einen delikaten Sud aus vielen frischen Kräutern zubereiten. Das schmeckt toll und enthält wenig Salz, das ohnehin nur Wasser im Körper speichert. Übrigens können Sie schon mit der Wahl des richtigen Kochgeschirrs den Fettgehalt Ihrer nächsten Mahlzeit reduzieren. Achten Sie auf beschichtete Pfannen und Töpfe.

Tipp

Würzen Sie doch einmal mit naturtrübem Apfelessig. Das gibt der Mahlzeit eine besondere Note, aktiviert den Stoffwechsel und enthält viele Vitalstoffe.

Der erklärte Feind der guten Figur ist die Sauce. Sie besteht oft aus reinem Fett und wird oftmals noch mit Sahne verfeinert. Dabei schmeckt sie auch ohne sahnigen Pfiff. Um das Fett in der Sauce zu reduzieren, können Sie sie durch einen Kaffeefilter oder ein Küchentuch gießen. Auf diese Weise landet das Fett erst gar nicht auf Ihrem Teller. Wenn es schnell gehen soll, können Sie die Fettaugen mit einem Papiertuch von der Oberfläche absaugen. Steht die Sauce im Kühlschrank, können Sie das Fett mühelos abschöpfen.

Übrigens: Auch Mehlschwitzen, in denen Gemüse allzu gerne ertränkt wird, und Salatdressings sind sehr kalorienlastig. Dabei schmeckt ein Salat auch, wenn er mit Jogurt, Hüttenkäse oder Apfelessig angemacht wird. Gemüse dünsten Sie am besten mit etwas Brühe und ganz wenig Wasser über einem Locheinsatz. So erhalten Sie die Nährstoffe und bereiten eine leichte Mahlzeit zu.

Tipp

Ersetzen Sie Butter oder Margarine auf dem Brot durch Tomatenmark, Senf oder Chutney. Sie sparen Fett und gewinnen an Geschmack.

Ohne Verzicht können Sie auch Nachspeisen zu echten Fitmachern umfunktionieren. Probieren Sie doch einmal Cremequark mit nur 0,2 Prozent Fett. Mit vielen frischen Früchten schmeckt er herrlich frisch. Dann ersetzen Sie Zucker durch Süßstoff und tauschen den Sahnejogurt gegen die ebenfalls sehr schmackhafte, aber fettärmere Variante ein. Übrigens gibt es auch Diätpuddings im Handel, die weit weniger Zucker enthalten als herkömmliche Produkte.

3. Essen unterwegs und im Büro

Essen im Büro oder unterwegs ist keineswegs eine Garantie für Übergewicht. Ideal ist es sicher, wenn Sie sich für

frisches Obst oder Rohkost entscheiden. Natürlich können Sie aus Äpfeln, Birnen und anderen Obstsorten auch einen leckeren Salat zaubern, den Sie mit etwas Saft und Mandeln – in einer beschichteten Pfanne ohne Fett geröstet – wunderbar aufpeppen können. Und wenn Sie Ihr Dressing getrennt mitnehmen, schmeckt der Salatteller auch im Büro noch herrlich knackig. Ebenfalls lecker: Vollkornsandwiches mit einem fettarmen Belag und vielen Zutaten aus der Natur. Beispielsweise Baguettes aufgepeppt mit Tomaten, Gurken, Radieschen und Salatblätter.
Schlemmen ohne Reue können Sie aber auch im Restaurant oder im Büro. Das geht ganz einfach und wenn Sie den Dreh einmal raus haben, stellt sich so schnell auch kein Leistungstief nach der Mittagspause mehr ein. Beachten Sie einfach folgende Regeln: Entscheiden Sie sich überwiegend für Salate und Rohkost. Verzichten Sie möglichst auf schwere Dressings oder lassen Sie sie extra servieren. Vermeiden Sie schwere Saucen. Wählen Sie, wenn Sie nicht auf Fleisch verzichten möchten, unpaniertes Hähnchen- oder Putenbrustfilet. Und beenden Sie die Mahlzeit mit einem Obstsalat oder mit einem Espresso, statt mit Pudding oder Cremespeise.

Es gibt Dinge, auf die kann man einfach nicht verzichten. Und das sollen Sie auch nicht: Wenn Sie also Wiener Schnitzel über alles lieben, dann gönnen Sie sich diesen Genuss. Aber bitte nur ab und zu und ohne schlechtes Gewissen. Sparen Sie einfach in den nächsten Tagen das Fett wieder ein und ziehen Sie erst am Ende der Woche Bilanz. Wenn Sie im Spezialitäten-Restaurant mit Vernunft bestellen möchten, wählen Sie Folgendes:

Beim Griechen:	Salat und gefüllte Weinblätter
Beim Italiener:	Nudeln mit Gemüsesoße, Mozzarella mit Tomaten, gegrillter Fisch, Salat ohne Dressing, Pizza Margerita mit wenig Käse
Beim Spanier:	gegrillter Fisch, Salat
Beim Chinesen:	Pfannengeröstetes ohne Mandeln oder Cashewkerne, gedämpfte Fisch- oder Gemüsegerichte

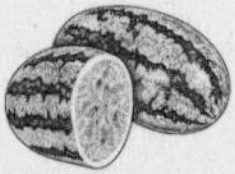

VIII.
Das Easy Weight-Programm

Nach der Theorie folgt nun die Praxis: lecker, leicht und ganz auf Linie getrimmt. Denn mit dem Easy Weight-Programm können Sie mit Genuss abnehmen. Sie brauchen keine Kalorien zu zählen und auch kein schlechtes Gewissen zu haben, wenn Sie doch einmal ein kleiner Dickmacher auf Ihren Speiseplan einschleicht. Gönnen Sie sich ruhig eine Ausnahme – wohlgemerkt: eine Ausnahme!
Alle aufgeführten Rezepte sind besonders fettarm, aber reich an Fatburnern. Ohne viel Aufwand können Sie sich so mit ausgewogenen Mahlzeiten eindecken. Probieren Sie es aus und genießen Sie es.

1. Fitness-Frühstück

Beginnen Sie den Tag mit einem richtig guten, aber leichten Frühstück – und damit automatisch mit vielen Vitalstoffen. Das bringt den Stoffwechsel in Schwung und wappnet Sie gegen Stress und Hektik.

Vitamin-Shake

150 g geputzte Erdbeeren ▪ 1 Kiwi ▪ Saft von 2 Grapefruits ▪ Vanillemark

Früchte mit dem Mixer pürieren, Saft hinzugeben und kräftig verquirlen. Mit Vanillemark abschmecken.

Erdbeer-Jogurt

200 g Erdbeeren ▪ 150 g Magerjogurt ▪ 1 EL Orangensaft ohne Zucker ▪ 1 TL gehackte Zitronenmelisse ▪ 4 EL Cornflakes

Erdbeeren waschen, putzen und anschließend vierteln. Jogurt mit Saft und Zitronenmelisse verrühren und über die Früchte geben. Vor dem Servieren mit den Flakes bestreuen.

Tipp

Putzen Sie Beeren immer erst nach dem Waschen. Auf diese Weise erhalten Sie die Inhaltsstoffe der Früchte weitgehend.

Pfirsich Flakes

1 Pfirsich ▪ 10 EL Cornflakes ▪ 100 ml fettarme Milch ▪ 1 TL gehackte Mandeln

Pfirsich waschen und in kleine Stücke schneiden. Cornflakes und Milch über die Früchte geben. Nach Geschmack noch mit 1 TL gehackten Mandeln bestreuen.

Himbeer-Müsli

2 EL kernige Haferflocken ▪ 2 EL Cornflakes ▪ 1 EL ungeschwefelte Rosinen ▪ 50 g Himbeeren oder Blaubeeren nach Geschmack ▪ 1 Apfel ▪ etwas Zitronenmelisse ▪ 125 ml fettarme Milch ▪ Akazienhonig

Haferflocken, Flakes und Rosinen in einer Schüssel mischen. Die verlesenen und gewaschenen Beeren mit dem in Spalten geschnittenen Apfel auf dem Müsli anrichten. Zitronenmelisse klein schneiden, mit der kalten Milch verrühren und mit etwas Honig abschmecken. Über das Müsli gießen und sofort servieren.

Aprikosen-Müsli

3 getrocknete Aprikosen ▪ 1 EL Orangensaft ohne Zucker ▪ etwas Honig ▪ 2 EL Cornflakes ▪ 100 g fettarmer Jogurt

Aprikosen klein schneiden, mit Saft verrühren und mit etwas Honig abschmecken. Die Cornflakes und den Jogurt dazugeben und sofort servieren.

Trauben-Müsli

50 g Weintrauben ▪ je 1 EL kernige Hafer- und Hirseflocken ▪ 2 Haselnüsse ▪ 100 ml fettarme Milch

Trauben halbieren, entkernen und mit den Flocken sowie gehackten Nüssen bestreuen. Darüber die Milch gießen.

Nektarine-Müsli

1 Nektarine ▪ je 1 EL kernige Hafer- und Hirseflocken ▪ 2 Haselnüsse ▪ 100 ml fettarme Milch

Nektarine entkernen und in Stücke schneiden. Flocken und gehackte Nüsse zugeben und darüber die Milch gießen.

Pfirsiche auf Vanillesoße

1 TL Rosinen ▪ ¼ Vanilleschote ▪ 100 g Cremequark (0,2 % Fett) ▪ 1 reifer Pfirsich ▪ 1 TL Sonnenblumenkerne

Rosinen grob hacken und mit dem Vanillemark unter den Cremequark rühren. Auf einen Teller geben. Pfirsich halbieren und auf der Sauce anrichten. Sonnenblumenkerne in einer beschichteten Pfanne rösten und über den Pfirsich geben.

Orangenquark mit Mandeln

1 TL gehackte Mandeln ▪ 1 Orange ▪ 150 g Cremequark (0,2 % Fett) ▪ Süßstoff ▪ Vanillemark ▪ 2 El Cornflakes

Mandeln in einer beschichteten Pfanne rösten. Orange schälen, in kleine Stücke schneiden und unter den Quark heben. Mit Süßstoff und Vanille abschmecken und kurz vor dem Servieren mit den Flakes sowie den Mandeln bestreuen.

Frischkäse mit Obst

100 g körniger Frischkäse ▪ 100 g Cremequark (0,2 % Fett) ▪ 1 TL Honig ▪ ½ unbehandelte Zitrone ▪ 80 g Blaubeeren ▪ 80 g Himbeeren oder Brombeeren ▪ 100 g Mangofruchtfleisch ▪ 1 TL gehackte Mandeln

Frischkäse, Quark und Honig verrühren. Zitrone heiß waschen, Schale dünn reiben und die Frucht auspressen. Saft zum Quark geben. Gewaschene und geputzte Beeren und gewürfelte Mango zur Hälfte unter den Frischkäse heben, die restlichen Früchte darauf verteilen. Mandeln ohne Fett in einer beschichteten Pfanne kurz anrösten und auf den Frischkäse streuen.

Apfelspalten in Sanddornquark

1 getrocknete Aprikose ▪ 100 g Cremequark (0,2 % Fett) ▪ 1 EL ungesüßter Sanddornsaft ▪ 1 Apfel ▪ einige Himbeeren

Aprikosen fein würfeln und in etwas Wasser etwa 15 Minuten quellen lassen. Den Quark mit dem Saft verrühren und auf einen Teller geben. Apfel mit Schale in dünne Spalten schneiden und auf dem Sanddornquark anrichten. Mit Himbeeren und Aprikosenwürfeln garnieren und sofort servieren.

Pancakes mit Beeren (10 Stück)

3 Eier ▪ ½ l Buttermilch ▪ Schale einer unbehandelten Zitrone ▪ 150 g Buchweizenmehl ▪ 100 g Weizenmehl ▪ 1 TL Weinsteinbackpulver ▪ etwas Ahornsirup ▪ 1 EL Nussöl ▪ 200 g frische Beeren

Eier trennen und die Dotter in einer Schüssel schaumig schlagen. Buttermilch und geriebene Zitronenschale dazugeben und nach und nach Mehl sowie Backpulver unterrühren. Etwas Ahornsirup und Nussöl in den Teig rühren und alles ziehen lassen. In der Zwischenzeit Eiweiß steif schlagen und vorsichtig unter den Teig heben. In einer beschichteten Pfanne nacheinander die Pancakes backen. Mit den frischen Beeren sofort servieren oder nach dem Abkühlen einfrieren. So haben Sie immer einen kleinen Vorrat für ein großes Frühstück.

Birne auf Vollkorntoast

2 kleine Scheiben Vollkorntoast ▪ 30 g Cremequark (0,2 % Fett) ▪ 1 reife Birne

Toast rösten, abkühlen lassen und mit dem Cremequark bestreichen. Birne waschen, entkernen und in dünne Scheiben schneiden. Auf dem Brot verteilen und sofort servieren.

Käse-Erdbeer-Knäcke

2 Scheiben Vollkornknäckebrot ▪ Salatblätter ▪ 40 g Camembert (30 % Fett) ▪ 150 g Erdbeeren

Knäckebrot mit Salat und Käse belegen. Zwei Erdbeeren in dünne Scheiben schneiden und auf dem Käse verteilen. Die restlichen Früchte zum Brot essen.

Kokos-Brötchen

1 TL Kokosraspel ▪ 1 kleine Banane ▪ Schale einer unbehandelten Zitrone ▪ 1 Vollkornbrötchen ▪ einige Himbeeren ▪ Zitronenmelisse

Kokosraspel in einer beschichteten Pfanne leicht rösten. In der Zwischenzeit die Banane mit einer Gabel zerdrücken und die Kokosraspeln mit etwas Zitronenschale unterrühren. Das Brötchen halbieren und mit dem Bananenmus bestreichen. Mit Himbeeren und Zitronenmelisse garnieren.

Muntermacher

1 Scheibe Mehrkornbrot ▪ 4 EL Cremequark (0,2 % Fett) ▪ Jodsalz ▪ 1 Karotte ▪ Petersilie

Brot mit dem Quark bestreichen und leicht salzen. Die geputzte Karotte raspeln oder in sehr feine Stifte schneiden. Auf dem Quark verteilen, mit Petersilie bestreuen und sofort servieren.

2. Gute Laune-Snacks

Der kleine Hunger zwischendurch kommt bestimmt – und Sie sollten sich einen leichten Snack dann nicht verkneifen. Ideal sind Obst oder Rohkost, denn diese Nahrungsmittel liefern jede Menge Vitalstoffe, aber nur ganz wenig Kalorien.
Essen Sie zum Beispiel:

- 1 Apfel
- 1 Kiwi
- 1 Birne
- 1 kleine Banane
- 150 g Weintrauben
- 200 g Kirschen
- 200 g Himbeeren, Brombeeren, Johannisbeeren oder Erdbeeren
- 200 g frische Ananas

- 200 g Aprikosen
- 1 Pfirsich
- 1 Paprikaschote
- 2 Tomaten
- 200 g Kohlrabi oder Möhren
- 200 g frisches Sauerkraut

Sie müssen aber nicht komplett auf etwas Süßes verzichten. Ein Stück Obstkuchen schadet Ihrer Figur ebenso wenig wie ein Schokoladenzwieback, Löffelbisquits oder ein bis zwei Vollkornkekse. Dazu eine Tasse ungesüßten Cappuccino mit Milchschaum.

Tipp

Lust auf Erdbeerschokolade? Einfach etwas Kuvertüre auflösen, eine dicke Erdbeere hineindippen und genießen. Dieser Snack hat nur knappe 40 Kalorien.

3. Zum Mitnehmen

Wenn es besonders schnell gehen soll oder Sie häufig unterwegs oder im Büro essen, können Sie sich ohne viel Aufwand einen gesunden Snack zum Mitnehmen zubereiten. Der schmeckt, hält den Blutzuckerspiegel konstant und versorgt Sie mit neuer Energie.

Pfirsich auf Hüttenkäse

1 reifer Pfirsich ▪ frisch gepresster Zitronensaft ▪ 1 TL gehackte Mandeln ▪ 2 EL Hüttenkäse ▪ 2 EL Cremequark (0,2 % Fett)

Den gewaschenen und entkernten Pfirsich in Streifen schneiden und mit etwas Zitronensaft beträufeln. Nüsse in einer beschichteten Pfanne rösten. Hüttenkäse und Quark verrühren, über den Pfirsich geben und mit Nüssen bestreuen.

Erdbeerquark

100 g Erdbeeren ▪ 1 Kiwi ▪ 150 Cremequark (0,2 % Fett) ▪ 2 EL Orangensaft ohne Zucker ▪ Vanillemark ▪ 1 TL gehackte Mandeln

Erdbeeren halbieren und Kiwi in Scheiben schneiden. Quark mit Saft verrühren und mit etwas Vanillemark abschmecken. Über die Früchte geben und mit den Mandeln bestreuen.

Orangenquark

100 g Cremequark (0,2 % Fett) ▪ Süßstoff ▪ Vanillemark ▪ 1 Orange ▪ 1 TL gehackte Mandeln

Quark mit etwas Süßstoff und Vanillemark verrühren. Orange schälen und das Fruchtfleisch in kleine Stücke schneiden und mit den Mandeln unter den Quark heben.

Blaubeerjogurt

125 g fettarmer Jogurt ▪ Süßstoff ▪ Vanillemark ▪ 100 g Blaubeeren (oder Himbeeren)

Jogurt mit Süßstoff und etwas Vanillemark verrühren. Die gewaschenen Beeren vorsichtig unterheben.

Schinken-Käse-Baguette

1 Vollkornbaguette-Brötchen ▪ 1 Tomate ▪ 2 Salatblätter ▪ 2 dünne Scheiben luftgetrockneter Schinken ▪ 30 g milder Ziegenkäse ▪ frisch gemahlener Pfeffer

Brötchen aufschneiden und kurz toasten. Tomate waschen, in Scheiben schneiden und mit einem Küchentuch vorsichtig abtupfen. Die untere Brötchenhälfte mit den Salatblättern, Tomate, Schinken und dem in Scheiben geschnittenen Käse belegen. Pfeffer darüber streuen und das Brötchen zuklappen.

Vollkornbrötchen mit Ei

1 Vollkornbrötchen ▪ 1 TL Halbfettmargarine ▪ 1 hart gekochtes Ei ▪ 2 Scheiben Salatgurke ▪ Kresse

Brötchen halbieren, mit Margarine bestreichen und das in Scheiben geschnittene Ei auf der unteren Hälfte verteilen. Mit Gurkenscheiben und Kresse belegen, zuklappen und bis zum Verzehr in eine Frischhaltebox legen.

Camembert-Toast

2 Scheiben Vollkorntoast ▪ 1 TL süßer Senf ▪ 40 g fettreduzierten Camembert ▪ etwas Brunnenkresse ▪ 100 g Melonenfruchtfleisch

Brot toasten, mit Senf bestreichen. Eine Scheibe mit Käse belegen und mit Kresse bestreuen. Zuklappen und dazu die Melone essen.

Lachs-Toast

2 Scheiben Vollkorntoast ▪ 1 El Magerjogurt ▪ 1 TL geriebener Meerrettich ▪ Jodsalz ▪ Pfeffer ▪ 1 Scheibe Räucherlachs

Brot mit Jogurt und Meerrettich bestreuen. Salzen, pfeffern, Lachs darauf legen und zuklappen.

Gorgonzola-Brot

1 Scheibe Vollkornbrot ▪ 1 TL süßer Senf ▪ 30 g Gorgonzola ▪ 1 TL Pinienkerne ▪ 1 Tomate

Brot halbieren und die eine Hälfte mit Senf sowie Gorgonzola bestreichen. Pinienkerne darauf verteilen und zuklappen. Dazu die Tomate essen.

Puten-Knäcke

2 Scheiben Vollkornknäckebrot ▪ Senf ▪ 2 Scheiben Putenbrust ▪ Petersilie ▪ 100 g Salatgurke

Knäckebrot mit Senf bestreichen und die Putenbrust darauf verteilen. Mit Petersilie dekorieren und zuklappen. Dazu die Gurke essen.

Knäcke mit Schafskäse

40 g Schafskäse ▪ 2 Scheiben Vollkornknäckebrot ▪ einige Thymianblätter ▪ 1 gelbe oder rote Paprikaschote

Schafskäse auf der einen Knäckebrotscheibe verteilen und mit Thymianblättern bestreuen. Zuklappen und dazu Paprikastreifen essen.

Brot mit Ei und Putenbrust

1 große Scheibe Vollkornbrot ▪ 1 TL süßer Senf ▪ 50 g Putenbrust-Aufschnitt ▪ 1 hart gekochtes Ei ▪ Schnittlauch

Brot halbieren, mit Senf bestreichen und die eine Hälfte mit Aufschnitt und Ei belegen. Mit Schnittlauchröllchen bestreuen und zuklappen.

Schinken-Brötchen

1 Vollkornbrötchen ▪ 1 EL körniger Frischkäse ▪
1 Scheibe Katenschinken ▪ etwas Rucola ▪
1 Tomate

Brötchen halbieren und eine Seite mit dem Frischkäse bestreichen. Schinken und Rucola darauf legen und zuklappen. Dazu die Tomate essen.

4. Iss-dich-fit-Salate

Salate sind echte Fitmacher – mit vielen Vitalstoffen, die schlank machen und neue Energie geben. Allerdings kommt es oftmals auf das richtige Dressing an. Viele von den hier vorgestellten Salaten eignen sich auch zum Mitnehmen.

Erdbeer-Ananas-Salat

200 g frische Ananas ▪ 100 g Erdbeeren ▪
3 EL Orangensaft ohne Zucker ▪ 1 TL Mandelblättchen

Ananas in Stück schneiden und mit den geputzten und halbierten Erdbeeren mischen. Saft unterrühren und mit Mandelblättchen bestreuen.

Obstsalat mit Himbeersoße

100 g Erdbeeren ▪ Puderzucker ▪ 100 g Kirschen ▪ 1 Pfirsich ▪ frisch gepresster Zitronensaft ▪ 50 g rote Johannisbeeren ▪ 50 g Himbeeren ▪ 1 Päckchen Vanillezucker ▪ 1 cl Cointreau

Die Beeren waschen, putzen und mit etwas Puderzucker mischen. Ziehen lassen. Kirschen entsteinen, Pfirsich entkernen und in feine Spalten schneiden. Mit etwas Zitronensaft beträufeln und dann mit den Kirschen sowie den Johannisbeeren verrühren. Himbeeren pürieren und mit restlichem Zitronensaft, Vanillezucker und Likör verrühren. Obstsalat mit der Sauce servieren.

Erdbeer-Melonen-Salat

100 g Erdbeeren ▪ 150 g Melonenfleisch ▪ 150 g Magerjogurt ▪ Zitronenmelisse ▪ 5 EL zuckerreduzierte Flakes

Erdbeeren waschen, putzen und halbieren. Früchte mit dem gewürfelten Melonenfleisch mischen. Jogurt mit etwas Melisse glatt rühren und über das Obst geben. Kurz vor dem Servieren mit den Flakes bestreuen.

Palm Beach-Cocktail

1 kleine Banane ▪ ½ rosa Grapefruit ▪ 1 Kiwi ▪ ¼ Ananas ▪ frisch gepresster Zitronensaft ▪ etwas Honig ▪ 100 g Cremequark (0,2 % Fett) ▪ 1 TL Sesam ▪ Pfefferminze zum Garnieren

Früchte in kleine Stücke schneiden, mit dem Zitronensaft beträufeln und mit etwas Honig abschmecken. Die Mischung unter den Quark heben, mit Sesam bestreuen sowie mit Pfefferminze dekorieren.

Wassermelonencocktail

250 g gekühlte Wassermelone (mit Schale) ▪ 1 TL ungesüßter Sanddornsaft ▪ 1 TL Mandelstifte

Melonenschale abschneiden und das Fruchtfleisch grob würfeln. Den Sanddornsaft darüber geben. Die Mandelstifte in einer beschichteten Pfanne anrösten und über den Melonencocktail streuen.

Orangen-Melonen-Salat

50 g Cremequark (0,2 % Fett) ▪ Honig ▪ frisch gepresster Zitronensaft ▪ frisch geriebene Ingwerwurzel ▪ 50 g Kürbis ▪ 1 Orange ▪ ½ Apfel ▪ 1 Kiwi

Quark mit etwas Honig, Zitronensaft und Ingwer verrühren. Kürbis schälen und würfeln. Die Orange ebenfalls schälen, die weiße Haut sorgfältig entfernen und filetieren. Einige Stücke zur Seite legen und den Rest mit dem Apfel in kleine Würfel schneiden. Fruchtstücke mit dem Dressing vermischen und mit Orangenfilets sowie der in Scheiben geschnittenen Kiwi garnieren. Sofort servieren.

Kiwi-Salat

2 Kiwis ▪ 100 g Erdbeeren ▪ 1 EL Orangensaft ohne Zucker oder Orangenlikör ▪ 1 TL gehackte Mandeln ▪ einige Blättchen Zitronenmelisse

Kiwis schälen und in dünne Scheiben schneiden. Erdbeeren waschen, putzen, vierteln und mit den Kiwis auf einem Teller anrichten. Den Obstsalat sofort mit Saft oder Likör beträufeln. Die Mandeln in einer beschichteten Pfanne ohne Fett rösten und über den Früchten verteilen. Mit Zitronenmelisse dekorieren und servieren.

Feigensalat

2 frische Feigen ▪ 2 cl Cassis (Johannisbeerlikör) ▪ 3 cl trockener Weißwein ▪ 50 g frische oder tiefgefrorene Himbeeren ▪ Vanillepulver ▪ etwas Puderzucker ▪ 1 Pfirsich

Feigen von Stielansätzen und Böden befreien und vierteln. Den Likör in einem kleinen Topf mit dem Wein verrühren und die Feigen mit der Schalenseite nach unten hineinlegen. Das Ganze erhitzen und bei kleiner Hitze etwa zehn

Minuten dünsten. In der Zwischenzeit die Himbeeren durch ein feines Sieb streichen und mit Vanillepulver sowie etwas Puderzucker verrühren. Pfirsich überkreuzt einschneiden, ganz kurz in kochendes Wasser legen und häuten. Dann den Pfirsich entkernen und das Fruchtfleisch würfeln. Die Feigen aus dem Sud nehmen, abtropfen lassen und auf einem Teller anrichten. Abkühlen lassen. Pfirsiche pürieren und mit dem Sud verrühren. Dann die Feigen mit dem Püree anrichten und sofort servieren.

Reissalat

⅛ l Wasser ▪ Salz ▪ 40 g Naturreis ▪ 40 g helle Weintrauben ▪ 3 blaue Weintrauben ▪ 1 Banane ▪ 1 TL ungeschwefelte Rosinen ▪ 1 EL gehackte Haselnüsse ▪ 40 g fettarmer Naturjogurt ▪ 3 EL ungesüßten Orangensaft ▪ Honig ▪ Jodsalz ▪ 1 TL Currypulver ▪ frisch gemahlener Pfeffer ▪ 1 TL Sonnenblumenöl

Wasser mit einer Prise Salz aufkochen und den Reis darin nach Packungsangabe garen. Abtropfen lassen und kühl stellen. Trauben waschen, halbieren, entkernen und mit der in Scheiben geschnittenen Banane, den Rosinen und Haselnüssen vorsichtig unter den Reis heben. Für die Sauce den Jogurt mit Saft und etwas Honig verrühren und mit den Gewürzen pikant abschmecken. Mit einigen Tropfen Öl anreichern, bis die Sauce etwas cremig wird, und über den Salat geben.

Radicchio-Salat

100 g Radicchio ▪ 50 g Champignons ▪ 1 EL Pinienkerne ▪ 15 g Parmesan ▪ 1 EL frisch gepressten Zitronensaft ▪ 2 EL gemischte Kräuter ▪ 4 EL Tee-Vinaigrette (siehe Spezial-Dressings)

Gewaschenen Radicchio und die geputzten, in Scheiben geschnittenen und gepfefferten Pilze auf einem Teller anrichten. Mit Pinienkernen und Parmesan bestreuen. Zitronensaft und Kräuter in die Vinaigrette rühren und über den Salat geben.

Spargelsalat mit Lachs

500 g Spargel ▪ 1 Pellkartoffel ▪ 50 g Alfalfasprossen ▪ 100 g Salatgurke ▪ 6 EL salzarme Brühe ▪ 1 TL Senf ▪ 1 EL Apfelessig ▪ 1 EL gehackter Dill ▪ Jodsalz ▪ frisch gemahlener Pfeffer ▪ 2 dünne Scheiben Räucherlachs

Spargel waschen, putzen und in leicht gesalzenem Wasser garen. Anschließend in Stücke schneiden. Kartoffel pellen, in Scheiben schneiden und mit dem Spargel, den gewaschenen Sprossen und der gewürfelten Gurke mischen. Brühe mit dem Senf, Essig, Dill und den Gewürzen verrühren, über den Salat geben und mit dem Räucherlachs anrichten.

Maissalat

1 Tomate ▪ 1 grüne Paprikaschote ▪ 100 g geräucherte Putenbrust ▪ 125 g Mais aus der Dose ▪ ½ Zwiebel ▪ 1 TL Meerrettich aus dem Glas ▪ 1 EL frisch gepresster Zitronensaft ▪ 1 Prise Zucker ▪ 1 EL fettreduzierte Salatmajonäse ▪ Jodsalz ▪ schwarzer Pfeffer ▪ 1 EL tiefgefrorene Erbsen ▪ 1 TL gehackte Petersilie

Tomate kurz überbrühen, häuten, entkernen und Fruchtfleisch würfeln. Paprikaschote und Putenbrust ebenfalls klein schneiden. Maiskörner abtropfen lassen und mit der Tomate, Paprika und Putenbrust vermischen. Zwiebel hacken, Meerrettich mit Zitronensaft, Zucker, Majonäse und Gewürzen verrühren. Zwiebel dazugeben und das Dressing unter den Salat rühren. Erst zum Schluss die aufgetauten Erbsen unterheben und alles mit Petersilie bestreuen.

Mozzarellasalat mit Sprossen

Salatblätter ▪ 125 g Tomaten ▪ 100 g Mozzarella ▪ 1 TL Apfelessig ▪ 1 EL Olivenöl ▪ Jodsalz ▪ frisch gemahlener Pfeffer ▪ 2 EL frische Sojasprossen

Salat auf einem Teller anrichten. Tomaten waschen, vom Stielansatz befreien und achteln. Mozzarella abtropfen lassen und in Würfel schneiden. Essig und Öl verrühren und pikant abschmecken. Tomaten, Käse und die gewaschenen Sprossen auf den Salatblättern verteilen und mit dem Dressing beträufeln.

Geflügelsalat

100 g gegrillte Hühnerbrust ohne Haut ▪ ½ rosa Grapefruit ▪ 2 Möhren ▪ ½ Zucchini ▪ 100 g fettarmer Jogurt ▪ Currypulver ▪ gemahlener Koriander ▪ gerebelter Thymian ▪ Jodsalz ▪ Kümmel nach Geschmack ▪ frisch gepresster Zitronensaft ▪ einige Salatblätter

Das gegrillte Fleisch würfeln. Grapefruit schälen, sorgfältig von der weißen Haut befreien, filetieren und in Rauten schneiden. Möhren und Zucchini grob raspeln. Jogurt nach Geschmack mit den Gewürzen verrühren und zum Schluss den Zitronensaft hinzugeben. Fruchtfleisch und Gemüse mit dem Dressing mischen und auf den auf einem Teller angerichteten Salatblättern verteilen. Darüber die Hühnerbrustwürfel streuen.

Krabbensalat

60 g fettarmer Naturjogurt ▪ frisch gepresster Zitronensaft ▪ Jodsalz ▪ frisch gemahlener Pfeffer ▪ Currypulver ▪ 100 g Fenchel ▪ 1 Mandarine ▪ 50 g Nordseekrabben ▪ 1 TL gehackter Dill ▪ ½ Scheibe Mehrkornbrot

Jogurt mit etwas Zitronensaft und Salz verrühren und mit Pfeffer sowie Curry pikant abschmecken. Den gewaschenen Fenchel in dünne Streifen schneiden und unter das Dressing rühren. Die Mandarine schälen und die einzelnen Spalten mit den Krabben unter den Salat heben. Nochmals abschmecken und mit Dill bestreuen. Dazu das Brot servieren.

Gurkensalat mit Lachs

250 g Salatgurke ▪ 150 g Rettich ▪ 3 EL salzarme Gemüsebrühe ▪ 1 Spritzer Zitronensaft ▪ Jodsalz ▪ Pfeffer ▪ 1 Scheibe Räucherlachs ▪ 1 TL Petersilie

Gurke und Rettich dünn schälen und in feine Scheiben schneiden. Brühe, Zitronensaft und Gewürze verrühren, darüber geben. Lachs in Streifen schneiden und auf dem Salat anrichten. Mit gehackter Petersilie bestreuen.

Nudelsalat mit Spargel

40 g Vollkornspiralen ▪ 150 g grünen Spargel ▪ 100 g Cocktailtomaten ▪ 1 EL fettreduzierten Frischkäse ▪ 40 g fettarmer Jogurt ▪ Jodsalz ▪ einige Basilikumblätter

Nudeln nach Packungsanweisung garen. Spargel in Stücke schneiden und ebenfalls bissfest garen. Beides abtropfen und abkühlen lassen. Tomaten halbieren. Frischkäse, Jogurt und etwas Salz verrühren und die grob gehackten Basilikumblätter unterheben. Nudeln, Spargel und Tomaten mischen und die Sauce darüber geben.

Linsensalat mit Spargel

50 g Berglinsen ▪ 1 TL Balsamico-Essig ▪ 2 TL Olivenöl ▪ 1 TL trockener Sherry ▪ Jodsalz ▪ Pfeffer ▪ je 50 g Spargel und Kaiserschoten ▪ ½ rosa Grapefruit ▪ ½ Zwiebel ▪ ½ Knoblauchzehe ▪ 1 TL Petersilie ▪ etwas Lorbeerblatt ▪ Thymian ▪ Rosmarin

Linsen in 150 ml Wasser zwei Minuten kochen lassen, dann vom Herd nehmen und eine Stunde quellen lassen. In der Zwischenzeit Essig, Öl, Sherry, Salz und Pfeffer verrühren. Den gegarten Spargel, die Kaiserschoten und die filetierte Grapefruit unterheben. Zwiebel hacken und mit dem zerdrückten Knoblauch ebenfalls unter das Dressing rühren. Dann die Linsen im Einweichwasser erneut aufkochen, fünf Minuten garen, abtropfen lassen und mit den Kräutern unter das Gemüse geben.

Nudelsalat mit Ei

30 g Vollkornspiralen ▪ 1 gelbe Paprikaschote ▪ 1 Tomate ▪ ½ Salatgurke ▪ 2 EL Balsamico-Essig ▪ 1 TL Olivenöl ▪ 1 Knoblauchzehe ▪ 2 EL Schnittlauchröllchen ▪ Jodsalz ▪ Cayennepfeffer ▪ 1 hart gekochtes Ei ▪ 50 g Lollo Rosso

Nudeln nach Packungsangabe garen, abtropfen und abkühlen lassen. Paprika, Tomate und Gurke sehr fein würfeln und mit Balsamico, Öl, gepresstem Knoblauch und Schnittlauch verrühren. Die Vinaigrette mit Salz und Pfeffer abschmecken. Ei in Spalten schneiden und mit Lollo Rosso sowie den Nudeln anrichten. Darüber die Gemüse-Vinaigrette geben.

Kartoffelsalat mit Thunfisch

100 g Kartoffeln ▪ 70 g Thunfisch im eigenen Saft ▪ 2 EL frisch gepressten Zitronensaft ▪ 1 Tomate ▪ 1 Zwiebel ▪ Jodsalz ▪ Cayennepfeffer ▪ 1 EL fettarmer Jogurt ▪ 1 Messerspitze Sambal Olek

Kartoffeln mit Schale in Salzwasser kochen, pellen und abkühlen lassen. Abgetropften Thunfisch mit den in Scheiben geschnittenen Kartoffeln und Zitronensaft verrühren. Kleingeschnittene Tomate und Zwiebel dazugeben. Mit Salz und Pfeffer abschmecken. Für das Dressing den Jogurt mit Sambal Olek und etwas Salz verrühren und vor dem Servieren über den Salat geben.

Löwenzahn-Salat

200 ml salzarme Gemüsebrühe ▪ 75 g Bulgur (aus dem Reformhaus) ▪ Jodsalz ▪ Cayennepfeffer ▪ 1 kleine Stange Lauch ▪ 1 TL Olivenöl ▪ 150 g Löwenzahn ▪ ½ Papaya ▪ 5 EL Tee-Vinaigrette (siehe Spezial-Dressings) ▪ 3 EL Grapefruitsaft ohne Zucker

Brühe aufkochen und den Bulgur hineingeben. Nach Packungsanweisung bissfest garen, abkühlen lassen und mit Salz und Pfeffer pikant würzen. Den geputzten und in Scheiben geschnittenen Lauch in einer beschichteten Pfanne mit etwas Öl dünsten, trockenschütteln und in kleine Stücke rupfen: Bulgur, Lauch, Löwenzahn und Papayaspalten auf einem Teller anrichten. Die Vinaigrette mit dem Saft verrühren und vor dem Servieren über den Salat geben.

Brokkoli-Salat

100 g Brokkoli ▪ 50 g Rucola ▪ 1 Tomate ▪ 1 Frühlingszwiebel ▪ 6 EL Tee-Vinaigrette (siehe Spezial-Dressings) ▪ 1 EL Mandelstifte

Brokkoli putzen, waschen und in Röschen teilen. In Salzwasser zwei Minuten garen, kalt abspülen und abtropfen lassen. Geputzten und gewaschenen Rucola sowie die Tomate in mundgerechte Stücke schneiden und alles auf einem Teller anrichten. Zwiebel in feine Ringe schneiden und auf dem Salat verteilen. Mit Vinaigrette beträufeln. Mandeln in einer beschichteten Pfanne ohne Fett kurz rösten und auf den Salat geben.

Gemischter Salat

100 g Blattsalat ▪ 100 g Salatgurke ▪ ½ Bund Radieschen ▪ 1 Tomate ▪ 1 EL Mais (aus der Dose) ▪ Kresse ▪ 4 EL Jogurt-Dressing (siehe Spezial-Dressings)

Salat waschen, putzen und trockenschleudern. Gurke sehr dünn schälen und mit den gewaschenen Radieschen in dünne Scheiben schneiden. Alles mit Tomatenstücken auf einem Teller anrichten. Mais und Kresse auf dem Salat verteilen und mit dem Jogurt-Dressing beträufeln.

5. Spezial-Dressings

Salate und Rohkost sind die Favoriten einer ausgewogenen Ernährung. Allerdings können Sie zu echten Dickmachern werden, wenn Sie in schweren Dressings ertränkt werden. Es geht aber auch anders: leicht, lecker und mit vielen frischen Kräutern. Die angegebenen Dressing-Rezepte sind für zwei Personen berechnet, lassen sich prima auf Vorrat zubereiten und eignen sich für viele Salat-Kombinationen.

Kräuterdressing

Kräutersalz ▪ 1 EL Apfelessig ▪ 2 EL kalt gepresstes Distelöl ▪ frisch gemahlener Pfeffer ▪ 50 g Zwiebel ▪ ½ Knoblauchzehe

Kräutersalz in dem Essig auflösen und das Öl unterschlagen. Die Marinade kräftig mit Pfeffer würzen. Zwiebel hacken und Knoblauchzehe zerdrücken und beides unter das Dressing mischen.

Jogurtdressing

150 g Magerjogurt ▪ 50 ml fettarme Milch ▪ 1 TL Apfelessig ▪ frische Kräuter und Ketschup nach Geschmack

Jogurt mit Milch verrühren. Essig hinzugeben und mit den Kräutern pikant abschmecken. Eventuell mit etwas Ketschup anreichern.

Tipp

Ofenkartoffeln schmecken nicht nur mit Creme fraîche. Mit Kräuterquark sparen Sie Fett. Ebenfalls sehr lecker: ein Esslöffel Salsa zur Kartoffel essen.

Cocktaildip

125 g Cremequark (0,2 % Fett) ▪ 50 g Kefir ▪ 2 EL Johannisbeergelee ▪ 2 EL Apfelessig ▪ Currypulver ▪ Jodsalz ▪ schwarzer Pfeffer aus der Mühle ▪ Cayennepfeffer ▪ Ingwerpulver

Quark, Kefir, Johannisbeergelee und Essig mit einem Schneebesen kräftig verrühren, bis sich das Gelee aufgelöst hat. Dann den Dip mit Gewürzen pikant abschmecken.

Meerrettichdip

100 g fettarmer Jogurt ▪ Saft von ½ Zitrone ▪ 2 EL frisch geriebener Meerrettich ▪ etwas Honig ▪ Jodsalz ▪ weißer Pfeffer aus der Mühle ▪ 1 EL gehackte Petersilie ▪ 1 Petersilienzweig zum Garnieren

Jogurt mit Zitronensaft vermischen und schaumig schlagen. Meerrettich hinzufügen und mit Honig abschmecken. Dann mit Salz und Pfeffer kräftig würzen. Petersilie unterrühren und garnieren.

Lachs-Kräuter-Dip

25 g Räucherlachs ▪ ½ Frühlingszwiebel ▪ Saft von ½ Zitrone ▪ 80 g Cremequark (0,2 % Fett) ▪ Jodsalz ▪ frisch gemahlener Pfeffer

Lachs würfeln, Zwiebel in feine Ringe schneiden und alles mit Zitronensaft und Quark verrühren. Mit Salz und Pfeffer pikant abschmecken.

Tee-Vinaigrette

5 EL aufgebrühten und abgekühlten Tee (Grüner Tee oder Pu Erh-Tee) ▪ 5 EL salzarme Gemüsebrühe ▪ 1 EL Weizenkeimöl ▪ 1 EL Distelöl ▪ 1 EL Apfelessig ▪ 1 EL Kelpamare (aus dem Reformhaus) ▪ Jodsalz ▪ Pfeffer ▪ 1 Prise Zucker

Zutaten gründlich verrühren und mit Salz, Pfeffer und etwas Zucker pikant abschmecken.

6. Für Gourmets

Gönnen Sie sich einmal am Tag ein stilvolles Essen – mit viel Zeit, einem schön gedeckten Tisch und dazu stimmungsvoller Musik. Wenn Sie berufstätig sind, können Sie diese Mahlzeit natürlich auch am Abend einnehmen. Aber bitte nicht zu spät.

Gemüsetoast

1 kleiner Fenchel ▪ ½ grüne Paprikaschote ▪ 1 Tomate ▪ 1 TL fettreduzierte Salatcreme ▪ 1 TL süßer Senf ▪ 2 Scheiben Vollkorntoast ▪ Pfeffer ▪ 20 g fettreduzierter Kräuterschmelzkäse

Fenchel und Paprika in Streifen schneiden und in Salzwasser drei Minuten garen. Abtropfen lassen. Tomaten würfeln. Salatcreme und Senf verrühren und auf das getoastete Brot streichen. Mit Gemüse belegen und mit Pfeffer würzen. Schmelzkäse auf den Toasts verteilen und im vorgeheizten Backofen oder im Grill kurz überbacken.

Putenbaguette mit Brie

½ Apfel ▪ 1 kleine Möhre ▪ 50 g Knollensellerie ▪ 1 EL Cremequark (0,2 % Fett) ▪ etwas Salatcreme ▪ 1 TL Orangensaft ohne Zucker ▪ Schnittlauch ▪ Currypulver ▪ 1 kleines Baguette-Vollkornbrötchen ▪ 2 Scheiben geräucherte Putenbrust ▪ 50 g fettreduzierter Brie ▪ 2 Salatblätter

Apfel, Möhre und Sellerie schälen, getrennt in feine Streifen schneiden. Möhre und Sellerie eine Minute in kochendem Salzwasser garen. Abgießen, abschrecken und abtropfen lassen. Quark, Salatcreme, Saft, etwas Schnittlauch und Curry verrühren. Abschmecken und Apfel sowie Gemüse unterheben. Brötchen aufschneiden, die untere Hälfte mit Aufschnitt sowie Brie belegen und im vorgeheizten Backofen bei 200 Grad sieben Minuten backen. Das Oberteil die letzten drei Minuten im Ofen daneben mitbacken. Herausnehmen und das Unterteil mit Salat und Apfel-Gemüse-Creme bestreichen. Die obere Hälfte darauf setzen und leicht andrücken.

Gemüsespieße

2 Holzspießchen ▪ Saft von ½ Zitrone ▪ Jodsalz ▪ Pfeffer ▪ 1 EL Olivenöl ▪ ½ Knoblauchzehe ▪ einige Basilikumblätter ▪ ½ Aubergine ▪ 1 kleine Zucchini ▪ ½ gelbe Paprikaschote ▪ 6 Kirschtomaten ▪ 2 Champignons ▪ 100 g Mozzarella (gut gekühlt)

Spieße wässern. Zitronensaft mit Salz, Pfeffer und Öl verrühren, den Knoblauch hineinpressen und etwas gehacktes Basilikum dazugeben. Grill vorheizen. Das gewaschene und geputzte Gemüse in nicht zu kleine Stücke schneiden und mit der Marinade bestreichen. Die Tomaten werden nur angeschnitten und mit einem Teil der Basilikumblätter gefüllt. Champignons halbieren und Mozzarella in große Würfel schneiden. Die Zucchini auf einer Seite eine Minute, die Aubergine drei Minuten grillen. Bis auf die Aubergine alles auf die Spieße stecken, mit Marinade bestreichen und unter Wenden grillen – ohne dass der Käse schmilzt. Mit den Auberginestücken servieren.

Reisragout

30 g Vollkornreis ▪ 1 Zucchini ▪ 1 rote Paprika ▪ 1 Zwiebel ▪ ½ Knoblauchzehe ▪ 1 TL Olivenöl ▪ Jodsalz ▪ Pfeffer ▪ Rosmarin ▪ 100 ml salzarme Gemüsebrühe

Reis nach Packungsangabe garen und abtropfen lassen. Zucchini und Paprika waschen, putzen und in feine Streifen schneiden. Zwiebel sowie Knoblauch hacken und im heißen Öl andünsten. Gemüse zugeben und kurz dünsten. Mit den Gewürzen pikant abschmecken, mit Gemüsebrühe angießen und zum Reis servieren.

Kräuteromelett Toskana

80 g Zucchini ▪ ¼ Bund Frühlingszwiebeln ▪ 1 EL Olivenöl ▪ je ½ Zwiebel und Knoblauchzehe ▪ 2 Eier ▪ 2 EL Milch ▪ Jodsalz ▪ Cayennepfeffer

Zucchini und Frühlingszwiebeln putzen, waschen und längs halbieren bzw. in Ringe schneiden. Das Öl in einer beschichteten Pfanne erhitzen, und das Gemüse mit der Zwiebel und dem Knoblauch – beides gehackt – drei Minuten dünsten. Eier, Milch, Salz und Pfeffer verquirlen und in die Pfanne geben. Vorsichtig wenden und fünf Minuten garen. Omeletts sofort servieren.

Gemüse-Curry

½ rote Paprika ▪ 100 g Zuckerschoten ▪ 1 Möhre ▪ 1 Zwiebel ▪ 2 Kartoffeln ▪ 100 ml salzarme Gemüsebrühe ▪ 200 ml Kokosmilch (Dose) ▪ 1 kleines Stück frischer Ingwer ▪ 1 EL Curry ▪ Salz ▪ Honig

Gemüse klein schneiden. Möhre, Zwiebel und Kartoffeln in der Brühe bei kleiner Hitze etwa fünf Minuten kochen. Paprika, Zuckerschoten und die Hälfte der Kokosmilch zugeben. Weitere fünf Minuten kochen. Ingwer schälen, fein hacken und mit der restlichen Kokosmilch unterrühren. Mit Curry, Salz und etwas Honig würzen.

Wok-Gemüse

1 rote Paprikaschote ▪ 2 EL Sesamöl ▪
75 g Bambussprossen ▪ 50 g Shiitake-Pilze ▪
Ingwer ▪ 5 EL salzarme Gemüsebrühe ▪
1 EL Sojasauce ▪ Jodsalz ▪ Pfeffer ▪ Curry

Paprika in Streifen schneiden und im Wok mit dem Öl andünsten. Sprossen, Pilze und etwas geriebenen Ingwer hinzugeben und mit Gemüsebrühe aufgießen. Kurz ziehen lassen. Mit der Sojasauce und den Gewürzen pikant abschmecken.

Tipp

Japanische, chinesische und thailändische Küche ist sehr kalorienarm. Nasi Goreng hat nur 24 Gramm Fett. Die gleiche Menge Schweinshaxe bringt es dagegen auf 55 Gramm.

Gemüse-Spaghetti

50 g Vollkornspaghetti ▪ 200 g Brokkoli ▪ 150 g Tomaten ▪ 1 Frühlingszwiebel ▪ ½ Knoblauchzehe ▪ 1 EL Olivenöl ▪ Jodsalz ▪ Pfeffer ▪ 1 TL frisch gepresster Zitronensaft ▪ Thymian ▪ 6 EL Gemüsebrühe ▪ 1 EL Parmesan

Spaghetti nach Packungsangabe garen, abgießen und abtropfen lassen. Brokkoli waschen, putzen, in Röschen teilen und in kochendem Salzwasser etwa drei Minuten blanchieren, abschrecken und abtropfen lassen. Tomaten kurz überbrühen, häuten und würfeln. Zwiebel und Knoblauchzehe fein hacken. Öl erhitzen und Knoblauch sowie Zwiebel darin glasig dünsten. Brokkoli dazugeben und kurz mitdünsten. Mit Salz, Pfeffer, Zitronensaft und Thymian pikant abschmecken. Tomaten und Nudeln unterheben, Brühe angießen und bei kleiner Hitze vermischen. Auf einem Teller anrichten, mit Parmesan bestreuen und sofort servieren.

Paprika-Spaghetti mit Schafskäse

60 g Vollkornspaghetti ▪ 1 Zwiebel ▪ 1 kleine Knoblauchzehe ▪ 1 rote Paprikaschote ▪ ½ grüne Paprikaschote ▪ Jodsalz ▪ Cayennepfeffer ▪ 1 TL salzarme Gemüsebrühe ▪ 50 g Schafskäse ▪ 3 Kirschtomaten ▪ einige Basilikumblätter

Nudeln in Salzwasser nach Packungsangabe garen. Zwiebel würfeln, Knoblauch zerdrücken und beides im Öl glasig dünsten. Paprika in Streifen schneiden und fünf Minuten schmoren. Die Nudeln zugeben und mit den Gewürzen sowie der Brühe pikant abschmecken. Schafskäse unter die Nudelmischung rühren und mit den geviertelten Tomaten sowie den Basilikumblättern garnieren.

Gnocchi mit Tomaten

100 g Gnocchi ▪ 1 kleine Schalotte ▪ 1 EL Olivenöl ▪ 60 g Kirschtomaten ▪ Jodsalz ▪ Pfeffer ▪ Basilikum ▪ 1 EL Parmesan

Gnocchi nach Packungsangabe zubereiten. Schalotte würfeln und in Öl andünsten und die halbierten Tomaten sowie Gnocchi dazugeben. Zum Schluss mit Salz und Pfeffer abschmecken und mit etwas Basilikum sowie Parmesan bestreuen.

Scampi-Spaghetti

60 g Vollkornspaghetti ▪ 200 g grünen Spargel ▪ 1 Zwiebel ▪ 1 TL Olivenöl ▪ 100 g Scampi ▪ 150 g Cocktailtomaten ▪ Thymian ▪ Jodsalz ▪ frisch gepressten Zitronensaft ▪ etwas Zucker

Spaghetti nach Packungsanweisung garen und abtropfen lassen. Spargel blanchieren, kalt abspülen und ebenfalls abtropfen lassen. Gewürfelte Zwiebel in Öl anbraten, Scampi dazugeben und drei Minuten braten. Halbierte Tomaten und Spargel in die Pfanne geben und würzen. Die Mischung zu den Nudeln servieren.

Spinat-Risotto

*200 g TK-Blattspinat ▪ 40 g Vollkornreis ▪
1 kleine Schalotte ▪ 1 TL Olivenöl ▪ 1 Messerspitze gemahlener Safran ▪ 200 ml salzarme Gemüsebrühe ▪ Jodsalz ▪ Pfeffer ▪ 1 EL geriebener Parmesan*

Spinat auftauen und grob hacken. Reis und gewürfelte Schalotte in Öl dünsten. Safran in der Gemüsebrühe auflösen und zum Reis geben. Garen und mit Salz und Pfeffer würzen. Spinat zwei Minuten mitgaren und das Risotto kurz vor dem Servieren mit Parmesan bestreuen.

Kartoffelgratin

*½ TL Margarine ▪ 200 g Kartoffeln ▪
100 g Lauch ▪ Jodsalz ▪ frisch gemahlener Pfeffer ▪ Muskat ▪ ⅛ l fettarme Milch ▪
1 TL gehackte Petersilie*

Auflaufform mit etwas Fett einpinseln und den Backofen auf 180 Grad vorheizen. Kartoffeln waschen, schälen und in dünne Scheiben schneiden. Den Lauch in dickere Ringe schneiden. Beides lagenweise in die Auflaufform schichten und jeweils mit Salz, Pfeffer und Muskat würzen. Milch aufkochen und über das Gemüse gießen. Gratin etwa 40 Minuten backen und mit Petersilie bestreuen.

Gefüllte Tomaten

2 Fleischtomaten ▪ 1 Zwiebel ▪ 1 kleine gelbe Paprika ▪ 60 g körnigen Frischkäse ▪ 30 g geräucherte Putenbrust ▪ 1 TL gehackte Petersilie ▪ Jodsalz ▪ Pfeffer

Tomaten waschen und jeweils einen Deckel abschneiden. Aushöhlen und Kerne entfernen. Zwiebel in feine Ringe und Paprika in kleine Würfel schneiden. Frischkäse, Zwiebelringe und Paprika mit der in Streifen geschnittenen Putenbrust mischen, Petersilie unterrühren und mit Salz sowie Pfeffer abschmecken. Tomaten mit der Frischkäsemischung füllen, Deckel aufsetzen und servieren.

Ofenkartoffel mit Champignons

1 große fest kochende Kartoffel ▪ 100 g Champignons ▪ ½ EL Olivenöl ▪ 1 Schalotte ▪ Jodsalz ▪ Pfeffer ▪ 2 EL Cremequark (0,2 % Fett) ▪ Kresse

Kartoffel waschen, mehrmals einstechen, in Alufolie wickeln und im vorgeheizten Backofen auf 225 Grad eine Stunde garen. Geputzte Pilze in Scheiben schneiden. Öl in beschichtete Pfanne geben, gehackte Schalotte anbraten, Pilze zugeben und mit Salz und Pfeffer pikant abschmecken. Kartoffel aus der Folie nehmen, Quark und Pilze darüber geben und mit Kresse bestreuen.

Überbackene Aubergine

½ kleine Aubergine ▪ Jodsalz ▪ Pfeffer ▪ 1 Tomate ▪ einige Thymianstiele ▪ 1 EL Olivenöl ▪ 2 Scheiben milden Ziegenkäse

Aubergine in Scheiben schneiden, mit Salz und Pfeffer würzen. Tomaten ebenfalls in Scheiben schneiden. Thymian waschen, trocken schütteln und die Blätter von den Stielen zupfen. Drei Viertel der Blätter mit Öl mischen. Auberginen in einer Auflaufform verteilen und mit Tomatenscheiben sowie Käse belegen. Alles mit Salz und Pfeffer würzen und mit Thymian-Öl beträufeln. Im vorgeheizten Backofen bei 200 Grad 15 Minuten überbacken. Mit restlichem Thymian bestreuen und servieren.

Pilz-Curry mit Tofu

150 g Champignons ▪ 100 g Spargel ▪ ½ rote Paprikaschote ▪ 1 Frühlingszwiebel ▪ 100 g Tofu ▪ 1 TL Distelöl ▪ Currypulver ▪ 1 TL Sojasoße ▪ 1 TL Sahne ▪ Jodsalz ▪ Pfeffer ▪ gehackte Petersilie

Das gewaschene und geputzte Gemüse in Stücke schneiden und den Tofu würfeln. Das Öl in einer gusseisernen Pfanne oder im Wok erhitzen und darin die Paprikastreifen einmal wenden. Dann den Spargel, die Zwiebel und zuletzt die Pilze zugeben. Das Gemüse mit Curry abschmecken, erneut wenden und Sojasoße sowie Sahne unterrühren. Salzen und pfeffern. Den Tofu und die Petersilie hineingeben und kurz aufkochen lassen.

Geflügel-Paella

40 g Vollkornreis ▪ salzarme Gemüsebrühe ▪
1 TL Olivenöl ▪ 100 g Hähnchenbrustfilet ▪
1 kleine Zwiebel ▪ ½ Paprika ▪ 100 g Schrimps ▪
1 Messerspitze Safran ▪ 1 Frühlingszwiebel ▪
2 EL gehackter Petersilie ▪ 1 TL Honig

Reis in Gemüsebrühe garen und abtropfen lassen. In der Zwischenzeit Öl in einer beschichteten Pfanne erhitzen und das in Streifen geschnittene Fleisch mit der Zwiebel und dem Paprika anbraten. Reis und Schrimps zugeben und weiterbraten. Safran in 75 ml Gemüsebrühe auflösen, in die Pfanne geben und alles unter Rühren kurz köcheln lassen. Frühlingszwiebel hacken, mit Petersilie und Honig verrühren und über die Paella träufeln.

Putenschnitzel mit Melonen-Salsa

100 g Putenbrustfilet ▪ Jodsalz ▪ Pfeffer ▪ 1 TL abgeriebene Limettenschale ▪ 150 g Melonenfruchtfleisch ▪ 1 rote Zwiebel ▪ 1 EL Orangensaft ohne Zucker ▪ 1 Messerspitze Sambal Olek ▪ 1 EL Schnittlauchröllchen ▪ 1 TL Olivenöl

Fleisch waschen, trockentupfen und mit Salz, Pfeffer sowie Limettenschale würzen. Melonenfleisch und Zwiebel würfeln und mischen. Saft, Sambal Olek und Schnittlauch unterrühren. Abschmecken. Fleisch im heißen Öl fünf Minuten anbraten und mit der Salsa anrichten.

Hähnchenbrustfilet auf Spinatreis

1 TL Mandelblättchen ▪ 100 g Blattspinat (tiefgekühlt) ▪ 1 Zwiebel ▪ salzarme Gemüsebrühe ▪ 40 g Vollkornreis ▪ 2 EL Orangensaft ohne Zucker ▪ Jodsalz ▪ Muskat ▪ Olivenöl ▪ 100 g Hähnchenbrust ▪ frisch gemahlener Pfeffer ▪ ½ Peperoni

Mandelblättchen in einer beschichteten Pfanne rösten. Den Spinat mit der gehackten Zwiebel in 50 ml Gemüsebrühe dünsten und den ebenfalls in Brühe vorgegarten Reis unterrühren. Bei kleiner Hitze zehn Minuten köcheln lassen und mit Saft, Salz und etwas Muskat abschmecken. Beschichtete Pfanne mit etwas Öl auspinseln, Fleisch salzen, pfeffern und von jeder Seite etwa vier bis fünf Minuten braten. Kurz vor Ende der Garzeit die in Ringe geschnittene Peperoni hinzufügen. Das Fleisch auf dem Spinatreis anrichten und mit Mandelblättchen bestreuen.

Hähnchenbrust auf Tomate

125 g Hähnchenbrustfilet ▪ Jodsalz ▪ Pfeffer ▪ ½ TL Olivenöl ▪ 200 g Kirschtomaten ▪ 2 Lauchzwiebeln ▪ ½ Knoblauchzehe ▪ 1 EL Basilikum

Hähnchenbrust waschen, trockentupfen, salzen und pfeffern. In heißem Öl acht bis zehn Minuten anbraten. Tomaten waschen, zugeben und kurz mitbraten. Zwiebel in feine Ringe und Knoblauch in dünne Scheiben schneiden. In die Pfanne geben und andünsten. Erneut mit Salz und Pfeffer würzen, mit gehackten Basilikum bestreuen und servieren.

Schollenfilet auf Reis

40 g Vollkornreis ▪ salzarme Gemüsebrühe ▪ 2 kleine Tomaten ▪ 1 EL gehackte Petersilie ▪ Jodsalz ▪ frisch gepresster Zitronensaft ▪ 100 g Schollenfilet ▪ ½ TL Olivenöl ▪ Pfeffer

Für den Dip: *½ kleine Avocado ▪ 1 EL frisch gepressten Zitronensaft ▪ 1 Messerspitze Knoblauch ▪ 2 EL gehackte Petersilie*

Reis in der Gemüsebrühe garen, abgießen und abtropfen lassen. Tomaten und etwas Petersilie unterheben und mit Salz sowie Zitronensaft abschmecken. Fisch in einer beschichteten Pfanne mit dem Öl anbraten, salzen und pfeffern. Den Fisch auf dem Tomatenreis anrichten und mit der restlichen Petersilie bestreuen. Avocado mit Zitronensaft pürieren, Knoblauch und Petersilie unterrühren und den Dip zum Fisch servieren.

Indischer Seelachs

150 g Seelachsfilet ▪ Jodsalz ▪ 1 ½ EL frisch gepresster Zitronensaft ▪ 1 kleine Zucchini ▪ 1 Staude Chicorée ▪ 2 EL süße Sahne ▪ Currypulver

Den Seelachs waschen, trockentupfen und mit Salz sowie etwas Zitronensaft würzen. Die gewaschene Zucchini in dünne Scheiben und den Chicorée in Streifen schneiden. 100 ml Wasser mit Sahne, dem restlichen Zitronensaft und Salz mischen. Mit Curry pikant abschmecken. Die Sauce in einer Pfanne aufkochen, den Fisch und die Zucchini dazugeben und etwa fünf Minuten köcheln lassen. Fisch vorsichtig wenden. Kurz vor Ende der Garzeit den Chicorée unterheben, auf einem Teller anrichten und servieren.

7. Fitness-Cocktails

Diese Drinks schmecken nicht nur, sie haben auch wenig Kalorien. Dafür enthalten sie aber umso mehr Fatburner und Vitalstoffe, die Ihren Körper entschlacken.

Apfelessig-Cocktail

1–2 EL naturtrüber Apfelessig (Reformhaus) ▪ 2 TL Honig ▪ 200 ml Wasser

Apfelessig mit Honig ins Wasser geben und gut verrühren. Dieser Fitnessdrink kurbelt die Fettverbrennung an und stärkt das Immunsystem.

Strawberry-Shake

60 g Erdbeeren ▪ 100 g Buttermilch ▪ Vanillemark

Erdbeeren waschen, putzen und pürieren. Mit der Buttermilch auffüllen und mit Vanille abschmecken. Sie können statt der Buttermilch auch Kefir verwenden.

Pfirsich-Smoothie

5 dicke Erdbeeren ▪ 1 Pfirsich ▪ 80 ml Buttermilch ▪ 50 ml Traubensaft ohne Zucker ▪ Vanillemark ▪ gestoßenes Eis

Erdbeeren waschen, putzen und bis auf eine Frucht für die Dekoration vierteln. Gewaschenen Pfirsich in Scheiben schneiden und mit den Erdbeerstückchen für 30 Minuten ins Tiefkühlfach stellen. Anschließend gründlich pürieren und mit Buttermilch sowie dem Saft auffüllen. Erneut mixen und mit Vanille abschmecken. Den Smoothie mit gestoßenem Eis anreichern, bis er richtig sämig ist. In ein gekühltes Longdrinkglas füllen, mit der Erdbeere dekorieren und sofort servieren.

Ananas-Milch

100 ml Sojamilch ▪ 50 ml ungezuckerter Ananassaft ▪ etwas Vanillemark

Milch und Saft mischen, mit Vanillemark abschmecken.

Tipp

Soja und Ananas: eine ideale Kombination, denn das in der Frucht enthaltene Enzym Bromelin unterstützt die Eiweißverdauung.

Molke-Melonen-Drink

125 g Melonenfruchtfleisch ▪ ¼ l Molke ▪ 1 TL Honig

Fruchtfleisch in Stücke schneiden und mit dem Mixer pürieren. Molke unterrühren und mit Honig abschmecken.

Bananen-Shake

½ Banane ▪ 60 ml Karottensaft ▪ 60 ml Apfelsaft ohne Zucker ▪ 60 ml Buttermilch

Banane in Stücke schneiden und pürieren oder mit einer Gabel gut zerdrücken. Mit den Säften sowie der Buttermilch verrühren, in ein gekühltes Longdrinkglas füllen und sofort servieren.

Himbeer-Apfel-Drink

Jasmintee ▪ 100 g Apfel ▪ 70 g Himbeeren ▪ 1 TL Rosenwasser (Apotheke)

Jasmintee nach Packungsanweisung zubereiten, in Formen füllen und einfrieren. Die gewaschenen und geputzten Früchte entsaften und mit dem Rosenwasser verrühren. Eiswürfel in ein gekühltes Glas geben und den Drink darüber gießen.

Fitness-Smoothie

1 Banane ▪ ¼ Ananas ▪ ½ Grapefruit ▪ ½ unbehandelte Orange ▪ 50 ml Orangensaft ohne Zucker ▪ 30 ml Tomatensaft ▪ gestoßenes Eis

Banane, Ananas und Grapefruitfleisch in Stücke schneiden. Orange gründlich waschen, abtrocknen und die Schale mit einem scharfen Messer spiralförmig abschneiden.

Das Fruchtfleisch ebenfalls klein schneiden. Das Obst in eine flache Schüssel füllen und für 30 Minuten ins Tiefkühlfach stellen. Anschließend gründlich pürieren, die Säfte unterrühren und erneut mixen. Gestoßenes Eis zugeben, bis der Smoothie sämig ist. In ein gekühltes Longdrinkglas füllen und sofort servieren.

Tipp

Legen Sie sich im Tiefkühlfach einen kleinen Vorrat an Früchten an. Durch das Einfrieren bleiben die Nährstoffe erhalten und Sie können jeder Zeit einen neuen Smoothie kreieren. Auch überraschender Besuch wird von dieser Erfrischung begeistert sein.

Gemüsesaft

1 rote Paprikaschote ▪ 1 Tomate ▪ 1 Karotte ▪ 50 ml Karottensaft ▪ 50 ml Tomatensaft ▪ 50 ml Ananassaft ohne Zucker ▪ etwas Curry ▪ Basilikum

Gemüse waschen, putzen und in kleine Stücke schneiden. Anschließend gründlich pürieren und mit den Säften auffüllen. Pikant abschmecken und servieren.

Gurken-Drink

1 Salatgurke ▪ ½ Salatherz

Aus der Gurkenmitte eine Scheibe für die Deko zur Seite legen. Die restliche Gurke und den Salat entsaften und mischen. In ein gekühltes Glas geben, dekorieren und in kleinen Schlucken trinken.

Tipp

Gurken sind reich an Silizium und Kalium. Dadurch wird der Körper entschlackt und der Stoffwechsel angeregt. Gut auch für ein straffes Bindegewebe.

IX.
Straff und fit in 30 Minuten

Der ideale Weg zur Fettverbrennung ist Bewegung. Denn Fett verbrennen wir ausschließlich in den Muskeln und die verkümmern, wenn wir uns nicht ausreichend bewegen. Ein erschlaffter Muskel arbeitet nicht länger mit Fett. Ihm reicht Zucker, denn das ist viel bequemer.
Auf der Strecke bleiben auch die fettzehrenden Biostoffe, so dass ein reiner Kopfarbeiter irgendwann nur noch über kümmerliche zehn Prozent der ursprünglich einmal vorhandenen Fettkiller verfügt. Dabei reichen 30 Minuten täglich schon aus, um die Fettverbrennung auf Hochtouren zu bringen.
Trainieren Sie drei- bis fünfmal in der Woche. Das steigert Ihren Grundumsatz – und zwar auch an den faulen Tagen.

1. Start in den Tag

Gerade wenn Sie Ihr Leben umkrempeln und auf Fitness programmieren wollen, sollten Sie sich einen genussvollen Start in den Tag gönnen. Schließlich gibt es nichts Schlimmeres, als nach dem schrillen Klingeln des Weckers einen hektischen Start zu proben. Bestes Beispiel: Englische Wissenschaftler fanden jetzt heraus, dass das Stresshormon Cortisol bei Frühaufstehern in einer deutlichen höheren Konzentration auftritt als bei Langschläfern. Da Sie deshalb aber wahrscheinlich nicht zwei Stunden länger in den Federn bleiben können, sollten Sie sich einen echten Wohlfühl-Start in den Tag gönnen.

Ayurvedische Tricks verschönern das Aufstehen: Brühen Sie abends ein Stück Ingwer mit Wasser auf und füllen diesen Drink in eine Thermoskanne. Nach dem ersten Räkeln stimmt das Getränk auf den Tag ein. Dann setzen Sie sich in den Schneidersitz und pressen Daumen und Zeigefinger beider Hände 12-mal gegeneinander. Das senkt den Stressfaktor am Morgen.

Mit etwas mehr Zeit können Sie morgens mit einem Vollbad etwas für die Sinne tun. Etwas Zitrusöl ins Wasser geben und nach dem ausgiebigen Bad kalt duschen. Auch wenn es Überwindung kostet. Danach noch einmal für einige Minuten ins Bett hüpfen und erst dann den Tag mit einem leichten Frühstück beginnen.

Tipp

Die Alternative für Sportliche: ein Kopfstand. Das Gehirn wird optimal durchblutet und der Stoffwechsel kommt in Schwung.

2. Der Fitness-Renner

Gemütlich durch den Park traben und dabei ganz entspannt mit einem Lächeln auf dem Lippen abnehmen: Das hört sich genial an – und es funktioniert sogar. Denn Sie bewegen sich in einem Bereich, in dem ausschließlich Fett verbrannt wird. So können Sie locker mit einer halbe Stunde Jogging das Fett eines dicken Stückes Buttercremetorte wieder loswerden. Wichtig ist aber, dass Sie Ihre Pulsfrequenz kontrollieren! Dazu eignet sich eine Pulsuhr, die Sie mit einem Piepston warnt, sobald der empfohlene Richtwert von maximal 140 Schlägen pro Minute überschritten wird. Lassen Sie sich aber auch von Ihrem Gefühl leiten, um die für Sie persönlich geeignete Drehzahl zu ermitteln. Vielleicht fühlen Sie sich schon bei einer niedrigeren Pulsfrequenz völlig überfordert. Dann sollten Sie Ihr Pensum nur sehr langsam steigern, schließlich wollen Sie gesund und mit Lust abnehmen und die körperliche Leistungsfähigkeit steigern.

Also: Nur so schnell laufen, dass Sie sich noch unterhalten können, ohne zu keuchen. Schließlich wollen Sie sich nicht auspowern, sondern neue Kraft tanken. Dazu ist allerdings eine richtige Atemtechnik erforderlich. Trainieren Sie einen gleichmäßigen Rhythmus: vier Schritte lang einatmen und vier Schritte ausatmen. Wenn Sie das immer schön gleichmäßig machen, gibt es garantiert keine Seitenstiche. Und bei der gleichmäßigen Atmung während des Joggens wird Ihr Gehirn optimal durchblutet und mit Sauerstoff versorgt. Kopfdruck verschwindet und die Gedanken ordnen sich wie von selbst.

Tipp

Mit der richtigen Lauftechnik beugen Sie Muskel- und Sehnenschäden vor. Setzen Sie zuerst den Vorderfuß auf. Dann leicht durchfedern und dabei ganz entspannt bleiben. Nicht gespart werden darf an den Schuhen.

Joggen bewirkt aber noch etwas: Es hebt Ihre Stimmung. Denn bereits nach einer guten halben Stunde Laufen setzt der Körper Endorphine frei und die machen glücklich. Diese körpereigenen Botenstoffe werden immer dann produziert, wenn wir unseren Körper fordern. Dabei steigt auch der Serotoninspiegel, der für gute Laune sorgt und das Hungergefühl dämpft.

Auf dem Weg zu Ihrem Wunschgewicht müssen Sie sich nicht gleich für den nächsten Marathon anmelden. Stellen Sie sich doch zunächst einfach vor das geöffnete Wohnzimmerfenster und laufen zehn Minuten auf der Stelle. Dann können Sie Ihr Pensum langsam steigern und sich bald auf die Piste wagen.

Aber überfordern Sie sich nicht und gönnen Sie sich in der Woche ruhig drei Erholungstage. Und wenn Sie Ihr Training langsam steigern, wird Joggen irgendwann zu einem Automatismus, der wie das Frühstück einfach zum Tag dazugehört.

3. Kleine Übungen mit großem Effekt

Täglich eine halbe Stunde reichen aus, um Ihren Grundumsatz zu steigern und Ihr Gewebe zu festigen. Gerade bei einer Gewichtsabnahme ist das besonders wichtig. Wer diese Zeit investiert, gelangt zu einem neuen Körpergefühl. Dieses kleine Bewegungsprogramm passt wunderbar zu Ihrer Ernährungsumstellung.

Für die Brust

Auf den Bauch legen, Hände leicht nach innen drehen und schulterbreit aufstützen. Nun die Waden anwinkeln und kreuzen. Gewicht auf die Arme verlagern und den Körper wie bei Liegestütze hochdrücken. Wieder senken und erneut heben. Der Oberkörper bleibt dabei gerade. Zehn- bis 15-mal wiederholen.

Mit Ein-Kilo-Hanteln oder Kunststoff-Wasserflaschen sieht Ihr Brust-Training so aus: Ein Bein vorstellen und in jede Hand eine Hantel nehmen. Die Arme mit nach innen zeigenden Handflächen nach hinten führen, die Gewichte hochziehen und dabei die Arme leicht beugen. Spannung kurz halten und wieder locker lassen. Dreimal 15 Wiederholungen. Wichtig: zwischendurch die Schultern locker kreisen lassen.

Stellen Sie sich in den leichten Seitgrätschstand und verschränken Sie die Arme hinter dem Kopf. Drücken Sie nun langsam, aber mit zunehmendem Druck, Kopf und Hände gegeneinander. Halten Sie die Spannung bis zu zehn Sekunden. Danach die Muskulatur lockern. Bis zu zehn Wiederholungen.

Legen Sie sich ein Handtuch über Ihre Gesäßmuskeln und ziehen Sie es langsam, mit sich verstärkendem Druck nach vorn. Halten Sie Gesäß- und Rumpfmuskulatur für etwa zehn Sekunden gegen. Zehn Wiederholungen.

Für Taille und Hüften

Beine schulterbreit öffnen und die Hanteln waagerecht halten. Nun den Oberkörper abwechselnd gerade zur linken und zur rechten Seite neigen. Dreimal 15 Wiederholungen. Zwischendurch den Rücken rund machen und lockern.

Legen Sie sich auf den Rücken und beugen dabei Hüft- und Kniegelenk. Legen Sie dann die Beine langsam nach links ab. Verharren Sie so für etwa zehn Sekunden und wiederholen dann die Übung zur anderen Seite einige Male.

Sie knien im Schrittstand und stützen die Arme auf dem vorderen Knie ab. Schieben Sie nun Ihre Hüfte langsam nach vorn und unten. Dabei bleiben Sie möglichst gestreckt und verharren in dieser Position etwa zehn Sekunden. Wiederholen Sie die Übung zur anderen Seite und beginnen dann das Ganze wieder von vorn.

Für den Po

Legen Sie sich in Seitenlage auf den Boden und stützen den Oberkörper mit den Händen ab. Beide Beine strecken, das obere langsam so weit wie möglich abspreizen. Dehnen Sie in der Endposition für zehn Sekunden, dann ganz langsam wieder senken. Wiederholen Sie die Übung zur Gegenseite. Dazwischen die Muskulatur lockern und erneut durchstarten.

Stützen Sie vom Kniestand aus beide Arme gestreckt vor den Körper. Nun strecken Sie langsam das rechte Bein in die Verlängerung des Rumpfes und verharren in dieser Position ungefähr zehn Sekunden. Wiederholen Sie die Übung zur Gegenseite. Danach Muskulatur lockern und erneut mit der Übung beginnen.

Legen Sie sich auf den Rücken, die Beine etwa im 90-Grad-Winkel gebeugt. Die Arme liegen angewinkelt neben dem Körper. Heben Sie nun Ihr Becken langsam an und verharren in der höchsten Position rund zehn Sekunden. Senken Sie das Becken ebenso langsam wieder ab, und lockern Sie die beanspruchte Muskulatur. Dreimal 15 Wiederholungen.

Für die Beine

Mit zwei Ein-Kilo-Hanteln oder zwei Kunststoff-Wasserflaschen können Sie Ihre Oberschenkel in Top-Form bringen. So geht's: In jede Hand eine Hantel bzw. Flasche nehmen und sie seitlich an die Hüfte legen. Nun das rechte Bein gestreckt und mit viel Power zur Seite heben. Dreimal 15 Wiederholungen, dazwischen immer wieder die Beinmuskeln lockern. Dann Seitenwechsel.

Beine leicht grätschen. Dabei zeigen die Fußspitzen nach außen. Nun den Po langsam nach hinten schieben – so als wollten Sie sich hinsetzen. Knie im rechten Winkel beugen, den Rücken gerade halten. Langsam wieder hochkommen und erneut in die Kniebeuge gehen. Dreimal 15 Wiederholungen. Dazwischen die Beinmuskulatur immer wieder auflockern.

Gehen Sie an einer Wand in den Hockstand, die Knie etwa im 90-Grad-Winkel gebeugt. Heben Sie nun langsam die Fersen vom Boden und verharren Sie so ungefähr zehn Sekunden. Dreimal 15 Wiederholungen.

Für den Bauch

Mit den Ein-Kilo-Hanteln bzw. mit den Flaschen können Sie auch den Bauch sowie die Arme trainieren. Stellen Sie ein Bein vor und nehmen in jede Hand eine Hantel. Bauch anspannen, Arme anwinkeln, Hanteln senkrecht halten und nach hinten pressen. Die Arme wieder vor dem Körper zusammenführen. Dreimal 15 Wiederholungen. Zwischendurch die Arme locker kreisen lassen.

Auf den Rücken legen und die Füße aufstellen. Hände hinter dem Hinterkopf zusammenlegen und mit Kopf und Brust aufrichten. Dabei die Ellenbogen nach hinten drücken. Wieder runterkommen – ohne sich ganz hinzulegen. Und wieder hoch. Diese Sit-ups so oft wie möglich wiederholen.

Legen Sie sich auf den Rücken, die Arme bleiben neben dem Körper. Die Beine werden im 90-Grad-Winkel angewinkelt und die Unterschenkel verlaufen parallel zum Boden. Heben Sie nun Ihr Becken langsam an, verharren so etwa fünf Sekunden, und senken Sie es dann langsam wieder ab. Zehn Wiederholungen.